KB213924

고단한 삶에서 부르는 소망의 노래

시편 하루묵상

고단한 삶에서 부르는
소망의 노래

—

김종익 지음

꿈꾸는인생

거룩한 행복

시편은 성경입니다. 또한 성경은 시편입니다. 그래서 시편을 읽는 일은 성경을 읽는 일이고 하나님의 말씀을 듣는 일입니다. 거룩한 행복이지요.

시편은 기도입니다. 그리고 기도는 말하고 또 듣는 일입니다. 그래서 시편을 읽는 일은 기도하는 일이며 기도에 기도를 더하는 일입니다. 동시에 주님의 응답을 듣는 일이며 그걸 이해하며 따르는 일이기도 합니다. 거룩한 행복이지요.

시편은 일상입니다. 개인의 일상이며 공동체의 일상이기도 합니다. 그리고 일상은 희로애락의 여정입니다. 그러므로 시편을 묵상하는 일은 희로애락을 주님과 함께 나누는 일입니다. 동시에 교회인 공동체와 나누는 일이기도 합니다. 우리는 그걸 '동행'이라고 합니다. 이 또한 거룩한 행복이지요.

시편은 역사적 기록입니다. 일상을 함께한 동행자들의 흔적이란 뜻입니다. 시편을 묵상한 이 책 또한, 동행의 흔적입니다. 어느 일상을 주님과 함께, 그리고 세상의소금 염산교회와 함께 동행한 흔적입니다. 그러므로 이 책은 성경해석서나 설교집이 아닙니다. 역사적 시편묵상의 흔적 정도입니다. 행복해서 거룩한 흔적이지요.

그 흔적을 모아 책을 펴낸 편집자에게 고마움을 전하며 소망할 뿐입니다. 애쓴 결과도 보람 있어 행복하기를 말입니다.

시편은 노래입니다. 주님의 노래이며, 주님의 영의 노래입니다. 왕의 노래이며, 난민의 노래입니다. 공동체의 합창이며, 고독한 영혼의 아리아입니다. 밤의 노래이며, 아침의 노래입니다. 그래서 시편을 읽는 일은 행복한 일이지요. 노래의 힘을 알게 되기 때문입니다. 노래에는 희로애락의 바람과 물살을 타고 넘는 힘부터 거스르는 힘까지 있습니다. 심지어 살 힘부터 죽을 힘까지 있습니다. 그러므로 시편과 동행하는 이들은 행복합니다. 그들은 노래하며 죽고 노래하며 살 수 있습니다.

아무쪼록 시편과 함께 여러분의 일상도 행복하기를 기도합니다.

2020년 복된 아무 날에, 김종익

주의 이름을 찬양하고 아침마다 주의 인자하심을 알리며

밤마다 주의 성실하심을 베풂이 좋으니이다

시편 92:2~3

행복과 멸망 사이

시편 1편은 누구나 바라는 "행복"이란 말로 시작해서 누구나 싫어하는 "멸망"이란 말로 끝난다. 시편 전체의 서론으로 일컬어지는 이 짧은 시는, 그래서 '인간사의 서론'이기도 하다. 인간의 온갖 삶은 행복과 멸망 사이에 머물기 때문이다.

행복하기를 바라지 않는 사람은 없다. 누구나 행복의 길을 가려고 방향을 잡는다. 그러나 아차 하는 순간에 멸망 길로 접어들 때가 얼마나 많은가. 행복의 길을 보여 주겠다는, 자칭 좋은 길잡이라는 이들의 많은 사설과 허망한 소리들은 또 얼마나 난무했던가.

시인은 행복을 위한 다섯 가지 지침을 제시한다. 그중에 세 개는 하지 말아야 할 것들이다. 먼저 악인의 꾀를 듣지 말아야 한다. 죄인들의 길은 기웃거리지도 말아야 한다. 그리고 하나님을 조롱하는 자들과는 어울리지 말아야 한다. 나머지 두 개는 꼭 해야 하는 일이다. 하나님의 법을 즐거워하는 것과 하나님의 말씀을 밤낮으로 되새기는 일이 그것이다. 결국 누구와 가까이하느냐가 우리 삶의 행복을 결정한다는 교훈이다.

교훈을 들었다면, 복의 주인이신 하나님을 가까이하자. 분명 좋은 일이 있을 것이다.

거룩하고 당당한 고독

시인이 경험하는 세상은 '하나님의 주권에 도전하는 세상'이다. 스스로 권세를 주장하면서 세상을 경영해 보겠다고 설치는 교만한 세상이기도 하다. 이런 세상에서 신앙공동체와 신앙인들은 핍박을 받거나 위협을 당하기 일쑤다. 음모, 권모술수, 각종 꼼수, 부정과 불의 같은 짓을 꾸미는 자들은 자신들의 세력권에서 신앙인들을 소외시키며 적대시한다. 물론 그들은 자신들이 하는 짓거리를 보통 정치나 경제, 개발이나 발전이라고 부른다. 심지어 "개혁"이라 부를 때도 있다. 우리가 사는 세상도 크게 다르지 않은 듯하다. 신앙인이라면 이런 세상에서 소외될 때 어떻게 대처해야 할까.

우선 정체성을 거룩히 할 필요가 있다. 우리는 하나님의 백성이다. 그분은 친히 권위를 세우시는 세상 모든 권위의 근원이시다. 이런 주님의 권위는 세상 권위들의 이합집산과 모의를 비웃고 그에 진노할 만큼 크고, 세고, 의롭고, 엄정하다. 공정하고 날카롭게 심판을 내린다. 그래서 거룩하다. 그러므로 하나님 나라 백성이 해야 할 일은 헛된 일 앞에서 거룩한 고독을 선택하는 것이다. 그것도 당당하고 자유롭게. 주님이 십자가를 선택하셨듯이. 그게 진짜 믿음이지 않겠는가.

하나님은 거룩한 고독을 선택한 이들을 보호하신다.

부르짖어 맡기는 삶

아들 압살롬에게 쫓겨난 다윗의 고백이 놀랍다. "내가 누워 곤하게 잠들어도 또다시 깨어나게 되는 것은, 주님께서 나를 붙들어 주시기 때문입니다"(5절, 새번역).

분노와 공포로 떨었을 밤에 "곤하게 잠들었고", 아침에 거뜬히 일어났다지 않는가. 대체 그만한 배짱은 어디에서 비롯됐을까. "주께서 붙드신다"는 굳건한 믿음 때문일 것이다. 다윗이라고 두려움을 몰랐을 리 없다. 다만, "나의 방패, 나의 영광, 나의 머리를 들게 하시는 분"이신 주님께 부르짖어 맡기고 응답받아 이겨 냈던 것이다. 하나님이 그에게 보이신 사랑의 증거는, 잠이었다.

불면증 환자들이 있는 병실로 문안을 간 적이 있다. 조심조심 기도했는데도 그마저 시끄럽다고 면박을 당했다. 무안하거나 화가 나기보다 밤새 잠을 이루지 못하는 고통이 얼마나 클까 싶어 안타까웠다. 이들에게 다윗이 경험한 '곤한 잠에서 깨어난 아침'의 은혜와 평강이 임하기를 기도했다.

언제든 숙면의 비결은 '부르짖어 맡김'이다. 당신의 '굿모닝'을 기원한다.

잠들기 전에 하는 일

3편이 '이른 아침의 노래'라면, 4편은 '저녁의 기도'다. 당신이 잠들기 전 하는 일은 무엇인가. 평안한 잠을 원한다면 다윗에게 배우라. 그는 잠자리에 들기 전, 먼저 주님께 다 맡기는 기도를 드렸다. "내가 편히 눕거나 잠드는 것도, 주님께서 나를 평안히 쉬게 하여 주시기 때문"이라고 믿었기 때문이다. 그렇다면 다윗이 주님께 맡긴 것은 무엇이고, 구한 것은 무엇일까.

우선 다윗은 막다른 길목의 두려움을 맡기며 구원의 은혜를 구했다. 그리고 하루 동안 쌓인 '갑질' 스트레스를 주께 털어 버렸다. "너희 높은 자들아, 언제까지 내 영광을 욕되게 하려느냐? 언제까지 헛된 일을 좋아하며, 거짓 신을 섬기겠느냐?"(2절, 새번역) 물론 반성도 했다. 특히 죄의 경계까지 이르렀던 분노를 깊이 뉘우쳤다. 내일이면 의의 제사를 드려 회개하리라고 다짐도 했다. 끝으로 다윗은 "많은 곡식이나 새 포도주" 같은 복의 조건들을 주님께 맡기며, 오직 주님의 환한 얼굴을 구했다. 그리고 주님이 주신 마음의 기쁨을 안고 평안히 잠들었다.

당신의 하루가 아무리 두려움과 스트레스와 실수로 가득했다 해도, 당신도 다윗처럼 할 수 있다. 주님께 다 맡기고 오늘밤은 평안하게 보내시라.

아침은 하루의 전부

대학 시절, 고 대천덕 신부님과 함께 예수원에서 맞은 아침을 기억한다. "여호와여 아침에 주께서 나의 소리를 들으시리니 아침에 내가 주께 기도하고 바라리이다"(3절)라는 말씀을 문자적으로 실감할 수 있었다. '사람과 함께'보다 먼저 '하나님과 함께' 시작하던 그날 아침의 행복이 지금도 새벽 잠자리를 박차고 나올 수 있는 힘이 되고 있다.

당신의 하루는 어떻게 시작되는가. 여유와 서두름 중에 어느 쪽인가. 혹시 정말 바쁘고 피곤해서 아침마다 정신이 없다고 평계할 생각이라면 그만두는 게 낫다. "나는 요즘 너무 바빠서 하루에 두 시간밖에 기도하지 못합니다"라고 친구에게 편지 썼던 마틴 루터를 소개할 참이니 말이다.

그는 종교개혁자의 피곤과 긴장을 오히려 아침기도를 통해 풀었던 사람이다. 아침마다 모든 문제와 어려움을 하나님께 맡기면서 루터는 근심의 날을 구원의 날로 바꾸곤 했다. '시작이 반'이라고들 하지만 당신이 하나님과 대화하며 하루를 시작하는 사람이라면, '아침이 하루의 전부'라는 말을 이해할 수 있을 것이다. 당신의 아침이 복되기를 바란다.

기도응답의 신비

대표적인 참회시로 꼽히는 시편 6편은 다윗이 병들었을 때 부르짖은 기도다. 어떤 병인지는 몰라도 죽음이 가깝다고 느낄 만큼 고통은 길고, 또 깊다. 그래서 그는 "뼈도 떨리고, 영혼도 떨린다"고 고백한다. 뼈는 육체적 건강과 힘의 처소이며 동시에 감정의 처소로도 표현된다. "두려움과 떨림이 내게 이르러서 모든 뼈마디가 흔들렸다"고 욥도 탄식했었다(욥 4:14 참조).

다윗은 지금 그 견디기 힘든 아픔 때문에 하나님을 찾고 있다. 아픔을 가만히 두고 보시는 것을 원망하기 위해서가 아니라 회개하기 위해서다. 그가 지금 겁내는 건 아픔이나 죽음 자체가 아니라 그런 와중에 하나님과의 관계가 단절되는 것, 곧 진짜 죽음이다. "죽어서는, 아무도 주님을 찬양하지 못합니다. 스올에서, 누가 주님께 감사할 수 있겠습니까?"(5절, 새번역)

그런데 놀라운 건 다윗이 눈물로 부르짖으며 회개하는 동안에 고통과 두려움을 이길 만큼 믿음이 커졌다는 사실이다. 그는 이제 하나님의 사랑을 의지하고, 구원은총, 곧 회복에 대한 확신을 노래하게 되었다. 이것이 바로 회개기도와 응답의 신비이다. 그 족한 은혜를 당신도 알면 좋겠다.

하나님은 속지 않으신다

다윗과 베냐민 지파는 사울로 인해 악연이 된 걸까. 다윗을 저주했다는 '구스'도 베냐민 지파로 소개된다. 어쨌든 다윗은 지금 성소로 피해 주님의 도움을 간절히 구하고 있다. 그는 살인이나 강도 같은 중범죄의 혐의를 받고 있다. 다윗은, 이 혐의가 모두 사실이면 주님의 형벌을 받겠다는 말로 결백을 호소하며, 하나님께서 자신의 결백을 밝혀 주시길 간구한다. 다윗은 하나님이 민족들을 심판하시며, 동시에 자기 백성의 권리를 지켜 주시는 분이라고 믿기에 그만큼 담대히 기도한다. "… 여호와여 나의 의와 나의 성실함을 따라 나를 심판하소서"(8절).

다윗이 결백의 증거로 당당히 내놓는 "마음"과 "양심"은 원래 '염통'과 '콩팥'이다. 염통(마음)은 생각과 결단을, 콩팥(양심)은 감정이나 도덕적 의식의 자리로 알려져 있었다. 그는 하나님의 감찰과 심판 앞에서 아무 거리낌이 없었던 것이다.

요즘 범죄 혐의를 받는 이들은 약속이나 한 듯, "양심에 거리낌이 없다"고 주장한다. 양심과 생각을 하나님이 감찰하신다는 걸 알고나 하는 말인지는 모르겠다. 세상은 속아도 하나님은 속지 않으신다는 걸 기억한다면, 세상은 좀 바르게 굴러 가려는지.

하나님이 나를 아신다니

시편에 자연을 노래한 시는 별로 없다. 그런 면에서 8편은 독보적이다. 이 시는 인간의 일보다는 자연의 신비를, 사회규범보다는 자연의 질서를, 역사의 문제보다는 우주만물의 기원과 의미를 노래하고 있다.

시인은 하늘과 그 하늘에 하나님께서 베풀어 두신 달과 별을 보면서 "하나님, 당신의 이름이 얼마나 아름답습니까!"를 연발하며 감탄하고 있다. 그러나 시인이 정말 감격한 까닭은 그 아름다운 이름을 가진 분이 자신을 기억해 주신다는 데 있다. "사람이 무엇이기에 주께서 그를 생각하시며 인자가 무엇이기에 주께서 그를 돌보시나이까"(4절).

당신도 광활한 우주를 느껴 보았는가. 자연의 신비로움 앞에서 인생의 초라함을 깨달으며 몸서리쳐 보았는가. 그때 당신을 우주의 중심에 두신 하나님의 은혜를 깨달으며 북받치는 눈물을 흘려 보았는가. 이 광활한 우주를 만드신 하나님이 당신을 아신다! 그리고 당신을 사랑하신다! 당신이 잡아 주기를 바라시며 손을 내밀고 계신다. 이 얼마나 감격스러운 일인가. 그러니 망설이지 말고 그 손을 잡으라. 당신을 전율하게 만드는 사랑을 알게 될 것이다.

주님, 일어나십시오!

일제에 의해 위안부가 됐던 지난날이 너무 한스러워 칼을 품고 살던 할머니가 있었다. 그녀는 교회를 다니며 예수님을 알게 된 후 그 칼을 내려놓았다고 했다. 어디 할머니들뿐인가. 지켜 줄 나라도, 지킬 나라도 없이 이역만리까지 끌려가 고생한 징용노동자들, 어린 처자들… 그들 중 많은 이들은 이미 죽고 잊혔으며, 살아남은 자들은 가난하고 소외된 노인네로 살고 있다. 오랫동안 친일 기득권자들이 자신들을 지키거나 숨기려고 끊임없이 외면하고 밀어냈기에 그들은 더욱 억울하고 외롭고 가난하다. 그들이 그 수난의 과거를 떨치고 일어설 수 있는 날이 과연 올까.

다윗은 "온다"고 답한다. "정의로 세계를 다스리시며, 공정하게 만백성을 판결하시는" 하나님이 영원히 다스리시기 때문이다. 그러므로 "가난한 사람이 끝까지 잊히는 일은 없으며, 억눌린 자의 꿈도 결코 헛되지 않을" 것이다(18절). 얼마나 감사한 말씀인가. 그러니 억울하고 외롭고 가난해도 불의나 망각과 타협하지 말자. 힘겨울 때는 부르짖어 기도하자. "주님, 일어나십시오!"라고. 하나님은 반드시 교만한 힘을 꺾으시고, 수난과 슬픔으로 지친 이들을 구원하신다.

그 팔을 꺾으소서

이 세상에는 악한 일을 하고도 잘사는 이들이 있다. 그들은 자신은 특별하기 때문에 결코 망하지 않으리라고 생각한다. 가련한 자들을 넘어뜨리는 포악까지 부리고도 뉘우칠 줄 모르는 이런 자들 때문에 시인은 분노한다. 그리고 하나님께 부르짖는다. "하나님도 보셨습니다. 그러니 악하고 못된 자의 팔을 꺾어 주십시오. 그 악함을 샅샅이 살펴 벌하여 주십시오!"

불쌍한 사람이 억눌림을 당하고, 가련한 사람이 폭력에 쓰러지는데도 분노할 줄 모르고, "고아와 억눌린 자들"과 "불쌍한 자들"을 위해 외치거나 기도하지 않는 삶이 비겁하고 부끄럽게 느껴지지 않는가. 악을 꾀하는 놈들뿐 아니라 하나님을 믿는다는 자들도 '하나님은 악을 보고도 따지지 않으신다'고 생각하듯이 사는 게 우리의 현실이다. 이런 교만과 불신이 '공공의 적'을 낳고 방치하는 원인이 된다. 아니, 하나님의 심판을 두려워하지도 않고, 그분의 간섭을 바라지도 않는 당신과 내가 바로 '공공의 적'인지도 모른다. 부끄럽고 겁나는 아침이다.

주님께 피하였거늘

억울한 일을 당할 때 당신은 어떻게 하는가. 두려운 일을 만날 때 당신은 무엇을 하는가. 느닷없는 재난과 사고로 죽거나 다친 사람들의 이야기를 들을 때, 끝나지 않는 증오와 테러의 공포에서 벗어나려고 정처 없이 헤매는 이들의 이야기를 들을 때 당신은 어떻게 하는가. 다윗은 그럴 때마다 피난처를 찾았다.

어려서 외롭고 슬프면 혼자 집 옆에 있는 산에 올랐었다. 전망이 툭 트인 곳에 있던 참나무를 등지고 한참을 앉아 있다 보면 뭔가 정리된 것 같은 편안함이 느껴지곤 했다. 그 참나무 아래가 내게는 피난처였다. 이제 그 산은 사라졌다. 물론 참나무도 없다. 그저 아파트만 즐비하다. 그 동네를 지나갈 때마다 아쉽고 허전하다.

다윗에게는 주님을 부르던 그 순간, 그 자리가 피난처였다. 그는 인간적이고 물리적인 피난처만 아는 이들에게 묻는다. "내가 주님께 피하였거늘, 어찌하여 너희는 나에게 '너는 새처럼 너의 산에서 피하라'고 하느냐"(1절 참조). 그들은 아마도, 산도 사라질 때가 있다는 걸 몰랐으리라.

우리의 피난처도 오직 하나님뿐이다. 그분만이 언제나 '거기' 계셔서 우리를 들으신다.

순전한 은금처럼

다윗은 거짓과 위선(아첨)이 널리 퍼진 세상에서는 경건하고 진실한 사람들을 찾아보기가 점점 더 어렵다고 탄식한다. 다윗을 탄식하게 하는 자들이 누군지는 알 수 없지만, 그들은 말로 헐뜯고 고발하고 악의에 찬 소문을 퍼뜨려서 가난한 자들을 괴롭히는 낙으로 살고 있다. 그들은 "혀는 우리의 힘, 입술은 우리의 재산, 누가 우리의 주인이랴"라고 말하고, 이런 비열한 자들이 사람들 사이에서 높임을 받는 게 이 세상 모습이다.

그러나 그런 그들을 대적하시는 주님이 계신다. 얼마나 다행인가. 주님은 말씀하신다. "가련한 사람이 짓밟히고, 가난한 사람이 부르짖으니, 이제 내가 일어나서 그들이 갈망하는 구원을 베풀겠다"(5절, 새번역). 다윗은, 주님의 말씀은 "도가니에서 단련한 은이요, 일곱 번 걸러낸 금"처럼 진실하므로 반드시 성취될 것으로 믿고 있다.

다윗의 시에는, 맑은 물을 확신하며 혼탁한 물속을 힘차게 거슬러 오르는 물고기 같은 고독한 기상이 있다. 거짓되고 사악한 시절에 자비를 실천하며 사는 경건한 자들은 다윗처럼 늘 고독했다. 그러나 '좁은 길'이 아닌 의의 길은 없으니, 어찌하겠는가.

어느 때까집니까?!

"아드 아나아, 아드 아나아!"는 "어느 때까집니까, 어느 때까집니까!"라는 뜻이다. 다윗은 고난이 언제 끝나게 될 것인가를 탄식하기보다, 하나님의 구원의 능력을 언제 경험하게 될까를 기다리며 부르짖고 있다. '부르짖음'은 하나님의 구원을 믿고 기다리는 이들의 간절한 의지의 표현이다. 우리 주님이 십자가에 달린 채 이렇게 부르짖으신 걸 기억하라.

분단의 상처가 덧날 때마다 우리도 이렇게 부르짖었을까. 경제 위기가 닥치고 많은 이들이 못살겠다고 아우성칠 때마다 이렇게 부르짖었을까. 정치가 난장판이 되고 어이없는 일들이 터질 때마다 우리는 정말 부르짖었을까. 원망하는 소리, 다투는 소리는 들렸을 텐데 부르짖는 소리도 주님께 들렸을까. 다윗은 부르짖었기에 찬송도 할 수 있었다고 고백한다. "내가 여호와를 찬송하리니 이는 주께서 내게 은덕을 베푸심이로다"(6절).

고난 앞에서 우리의 믿음이 원망이나 다툼으로 변질되지 않도록 부르짖어야 한다. "하나님, 구원하소서. 아드 아나아, 아드 아나아!" 그게 참 믿음이며, 주님이 찾으시는 바르고, 지혜롭고, 착한 일이다.

겸손의 회복

홍세화는 『생각의 좌표』라는 책에서 자본주의에는 미래가 없다고 말한다. 자본을 매개로 인간에게 지배당하는 자연의 반란을 인간이 받아들일 수밖에 없는 때가 기어이 올 것이란 얘기다. 여러 현상의 경고가 있음에도 자본주의는 탐욕스런 아집을 계속 부릴 것이고, 끝내 종말을 고하고 말 것이란 그의 예측을 틀렸다고 할 수 있는 이가 있을까. 자연의 복원력을 말하기도 하지만, 인간의 파괴 행위는 속도에 있어서 훨씬 빠르지 않은가. 이제, 다윗의 탄식을 뒤집어 생각하며 사는 것 외에는 우리가 달리 할 일은 없지 싶다.

"어리석은 사람은 마음속으로 '하나님이 없다' 하는구나 … 주님께서는 하늘에서 사람을 굽어보시면서, 지혜로운 사람이 있는지, 하나님을 찾는 사람이 있는지를, 살펴보신다. 너희 모두는 다른 길로 빗나가서 하나같이 썩었으니, 착한 일을 하는 사람이 하나도 없구나"(1~3절, 새번역).

인간과 자연의 주인이며 알파와 오메가인 주님 앞에서 오늘의 자본주의는 겸손해야 한다. 교만과 무지를 회개하지 않으면 자연도, 인간도 끝내는 함께 죽어갈 테니 말이다.

일상의 예배

다윗은 하나님께 예배하며 깨달았다. 정직하고 공의로운 일상보다 주님께서 기뻐하시는 예배와 예물은 없다는 것을 말이다. 우리라고 이를 아예 모르고 살았을까? 중요한 것은 그런 '일상의 예배'가 어떻게, 온전히 가능할까에 대한 답일 것이다. 존 스토트가 『제자도』에서 한 말이 답이 될 수 있다. "주님의 뜻은 우리가 그리스도처럼 되는 것이며, 주님의 방법은 우리를 성령으로 충만하게 하시는 것이다." 그는 '성령 충만'에 대해서는 윌리엄 템플의 설명을 인용했다.

"내게 햄릿이나 리어 왕 같은 희곡을 주고 그런 희곡을 쓰라고 말하는 것은 아무런 소용이 없는 일이다. 셰익스피어는 할 수 있지만 나는 할 수 없다. 내게 예수님의 삶과 같은 삶을 보여 주고 그렇게 살라고 하는 것은 아무런 소용이 없는 일이다. 예수님은 그렇게 살 수 있지만 나는 그럴 수 없다. 그러나 셰익스피어의 재능이 내 속에 들어온다면 나도 그처럼 희곡을 쓸 수 있다. 예수님의 영이 내 속에 들어온다면, 나도 그분처럼 살 수 있다."

성령으로 충만한 일상의 예배자를 하나님은 찾으신다. 당신도 나도 대답해야 한다.

심장으로 알아듣도록

"… 밤마다 내 양심이 나를 교훈하도다"(7절). 이는 양심이 맑다는 자랑이 아니다. 주님의 훈계를 두려워하며 의지했다는 고백이다. 도무지 내 힘으로 해결할 수 없는 문제에 부딪쳤다 싶을 때 당신은 어떻게 하는가. 다윗은 하나님께 그 문제를 맡기고 잠을 잤다. 더 이상 그 문제로 인해 끙끙 앓지 않았다. 그때, 그 깊은 밤, 고요한 시간에 주님이 다윗을 깨우셨다. '심장'(양심) 그 은밀한 곳에서 조용하지만 단호한 음성으로 문제를 해결할 길을 알게 해 주셨다. 다윗은 그렇게 하나님의 훈계를 받는 일이 큰 기쁨, 큰 즐거움이라고 찬송한다.

당신도 나도 막다른 골목에 갇힐 때가 종종 있다. 더 이상 무엇을 해야 할지 모른 채, 그냥 머릿속이 하얘질 때가 있다. 도무지 해결할 길이 보이지 않는 문제 앞에서 숨이 턱 막힐 때가 있다. 그때마다 우리 주님은 전능하신 상담자이며 자비로우신 훈계자라는 사실을 기억하자. 그분께 우리의 문제를 맡기고 그냥 한잠 자자. 우리의 머리가 아니라, 가슴을 열어 심장으로 알아듣도록 말씀하시는 하나님을 만날 수 있을 것이다. 그동안도 아주 기막힌 방법으로 문제를 풀어 주신 하나님을 송축하며 살지 않았는가. 그러니 아무쪼록 좌절금지!

그 아침을 상상하라

당신도 가끔은 죽음을 생각할 것이다. 그렇다면 잠자듯 죽고 다시 깨는 그날 아침도 상상해 보는가. 15절에 그 상상을 멋지게 만드는 희망이 있다. 죽고 다시 깨는 그 아침, "나는 떳떳하게 주님의 얼굴을 뵙겠습니다. 깨어나서 주님의 모습 뵈올 때에 주님과 함께 있는 것만으로도 내게 기쁨이 넘칠 것입니다." 이 얼마나 가슴 떨리는 상상인가.

고난이 나를 죽일 수 있다. 질병도 우리를 죽일 수 있다. 사람과 사고가 우리를 죽게 할 수도 있다. 그러나 두려워하지 말라. 주님은 그날 우리를 부르시어 주님 앞에 서게 하실 것이다. 이 땅에 사는 동안, 하나님 나라에 기업이 없는 자들은 의롭고 정직하게 살려는 자들의 용기를 꺾고자 온갖 중상모략을 동원할 것이 분명하다. 그때마다 죽을 것같이 힘겹고 두려울 것이다. 그러나 기억하자. 우리는 주님께 피할 수 있다! 부활의 아침을 믿고 상상하면, 피난처이신 주님이 "주의 눈동자처럼 나를 지켜 주시고, 주의 날개 그늘에 나를 숨겨 주시"는 행복하고 기이한 체험을 하게 될 것이다. 부활의 아침을 상상하며 이 하루를 살아내자.

나의 힘이신 주님

은퇴하신 후 아버지가 긴 시간 앉아 계시던 거실 벽에는 "나의 힘이신 여호와여 내가 주를 사랑하나이다"라고 쓴 족자가 하나 걸려 있었다. 아버지는 그 말씀이 참 좋다고 하셨다. 온갖 풍상을 겪은 후 인생을 뒤돌아보며 주님의 돌보심을 발견한 다윗처럼, 아버지도 일제강점기의 절망, 죽고 죽이는 전쟁과 유격전의 기억, 이별과 외로움이 주는 고통과 같은 세월의 풍상을 뒤돌아보셨던 것 같다. 그리고 하나님의 선하고 인자하신 인도하심을 발견하셨을 것이다. 그래서 그 말씀을 되뇌면서 감동을 받으셨던 것 아닐까. "나의 힘이신 주님, 내가 주님을 사랑합니다. 주님은 나의 반석, 나의 요새, 나를 건지시는 분, 나의 하나님은 내가 피할 바위, 나의 방패, 나의 구원의 뿔, 나의 산성이십니다"(1~2절, 새번역).

아버지의 묘비를 만들 때 나는 석공에게 주저 없이 이 1절 말씀을 내밀었다. 아버지의 신앙을 존경하고, 아버지의 하나님을 사랑하며, 아버지가 사랑한 이 말씀을 나도 사랑했기 때문이다. 당신도 주님을 힘이라 고백하며 의지하는가. 당신도 여호와를 뜨거운 가슴으로 사랑하는가.

계시를 보고 들어야

오늘 아침에 일어나서 기도한 후 하늘을 바라보았다면, 그래서 창조주 하나님을 찬양했다면 당신은 계시를 본 행복한 신앙인이다. 또한 주님의 말씀이 "순금보다 더 탐스럽고, 송이꿀보다 더 달콤한" 체험을 했다면 당신은 계시를 들은 행복한 선지자다. "하늘은 하나님의 영광을 드러내고", "주님의 계명은 순수하여 사람의 눈을 밝혀 준다". 그러므로 자연과 말씀을 통해 계시를 보고 들으며 사는 자들은 행복하고 성숙한 선지자들이다. 그들은 분명 깨끗한 믿음으로 하나님과 생명의 교제를 나누며 살고 있을 것이다.

때때로 이 도시에 희망이 있는 걸까 하는 의문이 든다. 쫓기듯 살면서 행복도 성숙도 이뤄 보려고 발버둥치지만, 종종 계시에 굶주린 내 영혼의 신음소리를 듣게 된다. 나를 포함해 거리마다 밀려다니는 사람들을 보며 불쌍하다는 생각이 드는 때도 많다. 우리는 대체 무엇을 위해 이토록 걸음을 재촉하며 사는 걸까. 오늘 오후엔 만사를 제쳐 두고 작은 성경책 한 권만 들고서 하늘공원에라도 올라야겠다. 심호흡을 하며 하늘도 보고, 말씀 한 절이라도 빈 마음으로 읽는다면 보이고 들리지 않을까, 주님의 계시가.

주님의 이름을 들고

20편을 읽으면, 사무엘 시절의 미스바와 에벤에셀의 이야기가 연상된다. 골리앗과 마주선 다윗의 모습도 떠오른다. 철병거를 앞세우고 밀려오는 블레셋 군대 앞에서 이스라엘 백성이 의지할 대상은 사무엘과 그의 기도를 들으시는 하나님뿐이었다(삼상 7장 참조). 청년 다윗은 어땠나. 베틀 채 같은 철창을 꼬나든 골리앗을 향해 나아갈 때, 그가 의지한 것은 오직 주님의 이름과 물맷돌 다섯 개뿐이었다(삼상 17장 참조).

이 시는 마치 사무엘이나 다윗의 '출전기도'나 '승전가'처럼 읽힌다. "어떤 이는 병거나 말을 의지하나, 우리는 여호와 하나님의 이름을 새긴 깃발을 세우겠다!"(7절)는 믿음의 다짐이 그렇지 않은가. 하나님이 복으로 주신 오늘, 우리도 주님의 이름을 깃발처럼 세우고 주님이 부르신 선교지로 나아가자. 믿음을 조롱하던 거인 골리앗이 돌 하나에 넘어지고, 미스바로 몰려들던 철병거들이 우레와 비로 싸우시던 하나님께 쫓겨 진흙탕 속에서 무용지물이 되었던 그날의 '에벤에셀'의 체험을 다시 한 번 기대하면서.

흔들리지 않을 수 있는 이유

"왕이 오직 주님을 의지하고, 가장 높으신 분의 사랑에 잇닿아 있으므로, 그는 결코 흔들리지 않을 것입니다"(7절, 새번역). 한 시대의 리더십을 위해 백성이 이렇게 기도한다면, 참으로 행복한 시절일 것이다.

그러나 백성의 기도는 종종 리더십을 무너뜨리는 힘으로 작용하기도 한다. 명종 때의 학자 남명 조식은 당대의 정치가 하늘의 뜻과 어긋난다고 보고는, 백성의 마음을 얕보지 말라고 경고했다. 백성의 마음은 하늘의 뜻과 통한다고 보았기 때문이다. 남명의 생각은 '민암부'(民巖賦)에 나타난다. ('민암'은 '백성은 나라를 엎을 수도 있는 존재'라는 뜻이다.) 이덕일의 책, 『시원하게 나를 죽여라』에 인용된 '민암부'에서 남명은, 한 사람의 원한과 한 아낙의 하소연이 처음엔 하찮지만, 끝내 거룩하신 상제(上帝)께서 대신 갚아 주시므로 귀하고도 무서운 것이라고 통찰한다. 그러면서 감히 상제를 대적할 존재는 없으므로, 백성에게 신임을 잃은 왕은 망하는 법이라고 지적한다. 구구절절 옳은 소리뿐이니 놀랍지 않은가.

아무쪼록 우리 시대의 리더십은 하나님과 뜻이 통하기를, 그래서 견고하기를 기도할 뿐이다.

주권은 주님께 있다

　예수께서 십자가의 극심한 고통에 시달리시며 남긴 몇 마디 말씀 중에 가장 처참했던 걸 꼽으라면, "엘리이 엘리이 라마 아잡다니이"가 아닐까. (복음서는 아람어 발음이다.) 처절하면서도 후련한 아픔을 이 네 마디 말로 된 문장이 전하고 있다. "나의 하나님, 나의 하나님이여, 어찌하여 나를 버리십니까?"(1절, 새번역)

　하지만 이 시를 원한에 사무쳐 울부짖는 '탄식시'로 이해하는 건 곤란하다. 오히려 한 편의 아름다운 '의지시'로 읽는 게 좋겠다. 극한 고통 속에서도, 주님의 구원하심을 믿고 힘을 다해 부르짖으며 찬송하고 있기 때문이다. 믿음은 이런 초인적인 의지를 가지고 주님께 나아가는 힘이다. 그런 의지의 사람에게 하나님은 구원을 노래할 수 있는 희망을 주신다.

　임시정부 백주년이 지났다. 고작 한 세기 동안에도 주님은 이 나라를 얼마나 자주 일으키셔야 했던가. 이젠 그 하나님을 바라보며 비틀거리지 말자. 계속 기회를 주신 하나님의 은혜를 기억하며, 그만 징징대고 주님께 부르짖으며 힘을 내자. 오직 "주권은 주님께 있으며, 주님은 만국을 다스리시는 분이시다"(28절, 새번역).

주님을 지향하는 삶

우리가 믿음의 사람으로 배우고 또 생각하는 성경의 인물들을 가만히 들여다보면, 사실 흠 없는 사람이 없다. 아브라함은 죽는 것이 두려워 거짓말을 했고, 야곱은 사기를 쳤다. 모세는 분노를 참지 못해 살인을 저질렀고, 힘들다고 불평했다. 다윗은 간음했고, 그 죄를 덮기 위해 누군가를 죽음으로 내몰았다. 충성을 맹세한 베드로는 예수님을 배신했고, 바울은 아예 대놓고 반대하며 믿는 이들을 핍박했다. 그러나 이들에게는 한 가지 공통점이 있었다. 유진 피터슨의 말대로, '치열하게 하나님을 지향하며 살았다'는 점이다.

그가 누구든, 어떤 자리에서 출발했든 상관없다. 주님은 그들을 늘 바른길로 인도하셨다. 그들이 양이라면 주님은 목자셨다. 푸른 풀밭이나 쉴 만한 물가에 있든지, 아니면 너무 힘들어 죽을 것 같은 험한 골짜기를 지나든지, 양들은 하나님만 '치열하게 지향하면' 됐다. 그러면 목자 하나님은 선하고 복된 길로 그들을 인도하셨다. 당신의 양들이 "아쉬울 게 없습니다", "내 잔이 넘칩니다" 찬송하며 따를 수 있도록 환대하셨다.

그러니 우리도 주님을 목자로 만난 게 얼마나 다행인가. 그리고 더 다행인 것은 주님은 "선하심과 인자하심"으로 평생토록, 아니 영원히, 우리를 인도하실 거란 사실이다. 진짜다.

영광을 받으실 분

이 시편은 세 부분으로 읽힌다. 창조주 하나님에 대한 찬양(1~2절)과 성전 입장의식 노래(3~6절), 그리고 언약궤가 성전으로 들어갈 때 불렀음직한 노래(7~10절)다. 이스라엘 공동체는 이런 의식을 행하고 또 의식찬송을 부르면서, 스스로 하나님 나라의 백성이라는 정체성과 소명의식을 확인하고 기념했다는 것을 알게 해 주는 시편이다.

가끔 '의식'을 비실용적으로 여겨 낭비되는 행사로 취급하는 말이나 생각을 마주할 때가 있다. 내 안에도 그런 면이 없지 않은데, 다산 정약용에 관한 글, 『삶을 바꾼 만남』을 읽다가 크게 도전받은 적이 있다. 국화를 사랑한 다산은 명례방(명동)에 살 때 해마다 수십 개의 화분을 길렀다. 무실선생(務實先生)이란 이가 이를 보고 "열매 없는 꽃을 기르는 건 실용적이지 않다"고 비난했다. 이때 다산의 대꾸가 이랬다. "맹자는 '대체(大體)를 기르면 대인이 되고, 소체(小體)를 기르면 소인이 된다' 했다. 꼭 목구멍으로 삼켜야만 실용인 것은 아니다."

그렇다. 뭘 하든 의식을 행하는 이보다 의식의 이유이신 주님이 더 영광을 받으시면 될 일이다.

주님과 친구로 사는 복

하나님께서 사람을 택하여 가르치려 하실 때 하나님의 고려사항은 무엇일까? 세상에선 지적 능력이나 학위, 경제력 같은 것을 보겠지만 하나님은 사람의 '중심'을 보신다. 순종과 경외심으로 따르는 자들에게 하나님은 "택할 길을 보이시고", 당신의 "친밀함"을 나타내신다.

예수님과 제자들의 관계 속에서도 이런 거룩한 아름다움을 볼 수 있다. 3년여 동안 훈련하신 후에 예수님은 제자들에게 말씀하셨다. "이제부터는 너희를 종이라 하지 아니하리니 종은 주인이 하는 것을 알지 못함이라. 너희를 친구라 하였노니 내가 내 아버지께 들은 것을 다 너희에게 알게 하였음이라"(요 15:15). 예수님은 "아버지가 내 안에, 내가 아버지 안에 거하는"(요 14:20) 신비 속에서 메시아로 사역하셨고, 하나님께 배운 그대로 제자들을 친구처럼 훈육하신 것이다.

오늘도 주님의 친구로 부름받은 소명에 순종하여 주님 안에 거하며, 주님과 동행하는 이들에게 주님은 택할 길과 친밀함을 보이신다. 주님과 친구로 사는 그 비밀한 복을 당신은 또 누구에게 증언할 것인가.

이별도 사랑이다

"헛된 것을 좋아하는 자들과 음흉한 자들", "행악자들의 집회와 그 악한자들", "죄인들과 살인자들", "왼손은 음란한 우상을 들었고, 오른손은 뇌물로 가득 차 있는 자들"에게 둘러싸인 다윗은 참 외로워 보인다. 그는 그런 자들과 같이 앉지 않고, 어울리지도 않는다. 오히려 그들의 집단을 미워한다. 이런 다윗의 의지가 고독하고 고단해 보이기까지 한다. 그래도 그는 십자가 길을 가시던 예수님처럼 담대하다. 주님을 의지하고 단단하게 기도한다.

"내가 나의 완전함에 행하였사오며 흔들리지 아니하고 여호와를 의지하였사오니 여호와여 나를 판단하소서. 여호와여 나를 살피시고 시험하사 내 뜻과 내 양심을 단련하소서"(1~2절).

자신의 시대가 지나갔는데도 여전히 주인공 노릇을 하려는 인사들이 있다. 물론 한때는 빛나던 자들이다. 그러나 의미 있던 지난날까지도 추레하게 만드는 언사들을 보면서 세월에 대한 겸손함과 염치와 예의를 잃은 이의 아집과 만용을 본다. 다윗처럼 주님을 의지하고 이들과의 절연을 결단하자. 때로는 고독이 시절을 함께한 이들에 대한 사랑이다.

노래할 여유

노래는 여유의 산물이다. 슬픔이 주제인 노래도 그 슬픔을 반추할 만한 여유를 찾았을 때 부를 수 있는 법이다. 다윗의 찬양에는 그런 여유가 있다. 사실 다윗은 "대적들", "원수들", "악한 자들"에게 둘러싸여 '뜯어 먹히는' 것처럼 괴로웠다. 그럼에도 불구하고 그는 노래한다. 어디서 그런 여유를 찾았을까. 바로 '주님'이다. 그리고 '예배'다.

주님을 예배하며 다윗은 '피난처'를 경험했다. 그분 안에서 넘어져도 무섭지 않았고, 흔들리지도 않았다. 오히려 "환성"과 "제물"과 "악기"를 동원해서 주님을 찬양했다. 넉넉한 승리를 거둔 자의 여유가 아닌가.

그렇다. 온전한 예배는 '주님과 함께' 고난을 내려다보도록 관점을 바꿔 준다. 높은 곳에 올라보면, 내려다보이는 세상이 별것 아니란 여유가 생기지 않던가. 다윗에게는 예배, 곧 주님과의 거룩한 사귐이 그랬던 것이다. 그래서 주님은 환란을 당한 다윗에게 "예배하라"고 하셨고, 다윗은 "예배하렵니다" 했던 것이다.

당신의 한 해도 여유로울 수 있다. '주님의 얼굴을 찾는' 예배자로 살아감이 꾸준하다면 말이다.

광야학교를 다녔기에

다윗은 '교실교육'으로 자란 사람이 아니다. 이른바 '대안교육'으로 연단된 사람이다. "무덤에 내려간 것 같은" 때도 낙담하지 않고 기도하며 버티는 믿음은 교실에서 배울 수 있는 게 아니다. 악인의 권모술수를 하찮게 볼 수 있는 혜안도 교실에서 얻을 수 있는 게 아니다. 주님이 내 기도를 들으시고 나의 힘과 방패가 돼 주셨다는 찬송도 교실의 감동으로 부를 수 있는 게 아니다. 다윗이 교실 밖에 있었기에 이 모든 게 가능했다. 광야가, 그리고 고난의 때가 다윗에게는 '대안교육'의 장이었다. 거기서 그는 '목자'처럼 동행해 주신 주님의 커리큘럼대로 연단돼, 주님의 마음에 합당한 왕재로 자랐다.

입시와 관계없는 대안학교를 세우고 싶다. 입시보조기능 같은 것 말고, 다윗 같은 젊은이들을 길러내는 '교실 밖 과정'을 해 보고 싶다. 거기서는 주님과 평화하기, 작은 이들과 자연과 자신과 평화하기, 불의에 화내지 않고 저항하기, 역사와 농사와 여행과 사랑 표현(말, 글, 음악, 요리, 그림, 도예 등)에 전문가 되기 등을 가르치고 싶다. 그게 예배며 선교라고 믿기 때문이다.

주님께만 영광과 예배를

다윗은 지금 우렛소리와 함께 쏟아지는 비와 불어난 물로 넘실대는 강물을 바라보고 있다. 벼락 맞아 부서진 나무들이 송아지처럼 뛰어오르고, 놀란 사슴이 낙태하는 두려운 광경을 목도하고 있다. 그리고 그는 하나님의 임재를 느끼며 엎디었다. 두려워 떨며 주님의 목소리를 듣고 있다. 그 소리는 힘이 있고 우렁차서, 그 소리에 놀라고 두려워진 다윗은 다시 또 참회한다. "영광과 권능을 주님께 돌려드리고 또 돌려드리겠습니다!"

다윗도 한때는 주님이 침묵하신다고 여겼다. 그래서 왕인 자신이라도 나서서 시비를 가리고, 개혁을 이루고, 백성을 깨우치겠다는 생각에 조급했었다. 이른바 센 척하는 권력자나 학자, 그리고 어른 종교인들이 가는 길을 기웃거렸다. 그러다가 깨달은 것이다. 천둥번개와 함께 폭우가 쏟아지던 그날에, 자신의 주장과 주의는 광야를 진동시키는 주님의 소리 앞에서 한낱 까부는 잡담일 수밖에 없다는 것을.

주님 앞에서 입 닫고 귀 기울이는 게 예배며 슬기다. 참 평화의 복은 그때 임한다.

아침을 기다리며

4.16 합창단이 청년공동체 주일예배에 참석했던 날을 기억한다. 세월호 참사 때 자식을 잃은 엄마 아빠들, 그리고 그들과 함께하는 동행그룹으로 구성된 합창단이었다. 그들은 평화를 노래하는데 우리는 슬펐다. 엄마 한 분이 잠잠히 이야기를 나눠 주셨다. 어딜 가나 죄인이더라고 했다. 웃으면 자식 잃고도 웃는다고 뭐라 하는 것 같고, 밥을 먹으면 '어휴 저게 자식 죽었는데 저렇게 잘 먹나' 손가락질하는 것 같아 겁이 나고, 남들이 모여서 웃고 떠들라치면 한쪽에서 자신은 울게 되고. 시간이 지나도 나아지지 않더란다. 교인들도 "이제 그만하지" 하더란다. 그래서 직장도 직장이지만, 교회도 더 다닐 수가 없었다고 했다.

이 땅엔 슬픈 이들의 이야기가 너무 많다. 다윗처럼 저들도 "통곡을 기쁨의 춤으로 바꾸어" 주시는 주님의 은혜를 알게 되면 얼마나 좋을까. 저들을 돕고 싶다. "밤새도록 눈물을 흘려도, 새벽이 오면 기쁨이 넘친다"는 믿음을 회복하도록 돕고 싶다. 저들과 함께 주님의 은혜와 도움을 간구하고, 응답받은 날에 "내 영혼이 잠잠할 수 없어서" 소리쳐 찬송할 수 있다면 얼마나 좋을까. 아무쪼록 그 기쁨을 누리고 싶다.

'워라벨'의 은총

아무 일이 없을 때는 살아가는 대로 살아간다. 세상이 시키는 대로 계획을 세우고, 앞날을 준비하며 바쁘게 움직인다. 멈추어 쉬는 시간이 필요하다는 것을 모르지는 않지만, 일부러 속도를 늦춰 걸음을 멈출 만큼 여유를 지닌 사람은 많지 않다. 그런데 갑자기 생각지도 못한 일을 만날 때, 예를 들어 병이 들거나 사고를 당하거나, 혹은 사랑하는 이가 갑작스레 세상을 떠나 큰 상실을 경험할 때, 우리는 걸음을 멈추게 된다. 그리고 지난 인생을 되돌아볼 시간을 갖게 된다.

다윗은 고난 때문에 비로소 멈추었다. 오랜만에 주님의 식탁에 앉아 하늘의 지혜를 듣게 되었다. 그리고 그것이 주님이 주신 큰 은혜라는 것을 깨달았다.

늘 달리는 일만 생각하는 우리도, 고장이나 나야 비로소 멈춘다. "놀라운 은총"을 찬양할 때도 있지만, 그마저도 속도감을 즐길 때뿐이다. 올해는 그러지 말자. 종종 자발적으로 멈춰 서서 주님의 식탁에서 위로와 교훈과 쉼을 얻고, 인생의 목표도 점검하며 산다면 훨씬 품위 있는 인생 여정이 될 것이다. 쉼표의 은총을 누리며 살아가자.

마음이면 충분하다

히브리 말로 "행복한 사람이다"라고 시작하는 이 시에서 다윗은 어떤 사람이 하나님께 복을 받은 사람인지를 세 가지로 노래한다. 첫째, 거역한 죄를 용서받고 허물을 벗은 사람. 둘째, 주님께서 죄 없는 자로 여겨 주시는 사람. 셋째, 마음에 속임수가 없는 사람. 그런 이들이 바로 행복한 사람들이다.

주님은 사랑과 은혜로 우리 죄를 씻기셨고, 우리에게 주님과 동행하는 새로운 출발을 허락하셨다. 그런데 이런 엄청난 복을 주시면서 우리에게 요구하시는 것이 단 한 가지뿐이라니, 그 또한 은혜 아닌가. 곧 "주님을 기뻐하는 정직한 마음"이면 충분하다 하신다. 공연히 거룩한 척하거나, 제 잘난 변명을 늘어놓는 것은 주님께 큰 복을 받은 사람에게 어울리지 않는 짓이다. 우리가 죄를 범했다는 것과, 그래서 정죄받는 게 마땅하다는 것을 인정하자. 그러면 사랑과 자유를 누리게 된다. 그러나 그리하지 않으면 "뼈가 눌려 진액이 빠져나오는 것 같은" 괴로움을 떨치기 어렵다. 주님 앞에서는 잘난 체 말고 겸손한 게 제일이다.

주님을 응원하고 찬양하는 인생

모처럼 고난에 관한 이야기는 한마디도 없고 감사와 기쁨, 찬송과 즐거움의 표현만으로 가득 찬 시를 만났다. 다윗은 성도들이 찬송하며 사는 것이 마땅하다면서 여호와 하나님을 찬송할 세 가지 이유를 말한다. 첫째, 그분은 정직하고 진실하며 공의와 인자로 세상을 통치하신다. 둘째, 그분이 말씀으로 천지만물을 지으셨다. 셋째, 그분이 선한 계획을 세우시고 세계의 역사를 주관하시며, 많은 군대로도 이룰 수 없는 구원을 자기 백성에게 베푸신다.

다윗은 주님을 자기 하나님으로 모신 나라와 백성이 얼마나 복된가를 노래하고 있다. 당신과 나는 주님을 내 하나님으로 고백한 사람들이다. 그런 우리는 어떤가? 늘 이기적인 복과 화만을 노래의 기준으로 삼지 않았는가. 내 모습을 돌아보며 반성도 하고 도전도 받으면서, 개인적인 이해득실에 매여 울고 웃거나 불평하고 자랑하는 데서 떠나 보자. 올 한 해에는 온 세상을 구하려고 뛰어다니시는 주님을 응원하면서, 주님의 백성으로 사는 복과 희망을 노래하며 살기로 다짐해 보자. 그렇게 마음먹는 것만으로도 우리 주님은 웃으실 것이다.

평화를 찾기까지

두렵고 떨릴 때, 당신은 어떻게 하는가? 시편 34편은 다윗이 사울 왕을 피해 블레셋으로 갔을 때, 그들의 왕 앞에서 미친 척하여 살아남은 일과 연관이 있다고 알려져 있다. 얼마나 겁이 나고 떨렸을까. 그런데 다윗은 그 두려움에 빠지지 않았다. 새로운 비결을 터득했던 것은 아니다. 다만 늘 하던 대로 그는 하나님을 찾았고, 그것이 그를 두려움에서 벗어나게 했다. "내가 주님을 간절히 찾았더니, 주님께서 나에게 응답하시고, 내 모든 두려움에서 나를 건져내셨다"(4절, 새번역).

다윗이 체험한 은혜는 여기서 그치지 않는다. 하나님을 두려워(경외)하는 것이 모든 두려움을 극복하는 능력이라는 것을 깨닫게 된 것이다. "그를 경외하는 사람에게는, 아무런 부족함이 없을 것이다"(9절, 새번역). 이후 다윗은 '두려움에서 경외함으로' 옮겨가는 비결을 가르치는 전도사가 되었다.

당신도 두려운 게 있는가? 그렇다면 다윗이 터득한 방법을 따라 보자. "악한 일은 피하고, 선한 일만 하여라. 평화를 찾기까지, 있는 힘을 다하여라. 주님의 눈은 의로운 사람을 살피시며, 주님의 귀는 그들이 부르짖는 소리를 들으신다"(14~15절, 새번역).

다시 돌아오는 기도

주님이 나와 다투는 자와 다투시고, 나와 싸우는 자와 싸우신다면 얼마나 든든할까. 더군다나 상대가 나를 무고하며 괴롭히는 중이라면, 생각만으로도 통쾌하고 후련하다. 다윗은 "주님, 관망만말고, 건져 주십시오!"라고 부르짖었고, "저들에게 멸망이 순식간에 닥치게 하소서!"라며 저주했다.

그런데 오늘 다윗의 기도에는 반전과 도전의 힘이 있다. 다윗은 그 거짓말쟁이들이 아프다는 소식에 금식까지 하면서 기도했다. 배신자들이 슬픔을 당할 때는 찾아가 애도하기까지 했다. 다윗의 이런 기도는 우리를 당황시키면서도, 주님께 모든 걸 맡긴 참 신앙인의 기도가 이런 거구나 싶게 한다.

그러나 더 놀라운 것은 기도의 결과다. 거짓증인들을 위한 "기도가 내 품으로 돌아왔고", "나는 네 구원이다"라는 주님의 음성까지 듣게 됐으니, 이 얼마나 신비롭고 은혜로운 응답인가. 십자가에서도 대속의 기도를 하신 주님이 생각나는 아침이다. 그 기도 덕에 살고 있는 우리도 비슷하게나마 기도하며 살아야 하지 않을까. 기도가 내 품에 돌아오는 신비를 믿는다면 말이다.

새롭게 사는 길

"예루살렘아, 예루살렘아, … 암탉이 제 새끼를 날개 아래에 품 듯이, 내가 몇 번이나 네 자녀를 모아 품으려 하였더냐! 그러나 너희는 그것을 원하지 않았다"(눅 13:34, 새번역). 십자가의 죽음을 향해 가시던 길에 우리 주님이 토하셨던 탄식이다. 그런데 다윗은 일찌감치 "하나님의 날개 그늘"이 주는 유익을 깨달았던 사람이다. 그는 거기서 단순한 보호를 넘어 생명의 샘물을 마음껏 마시며 성장했고, 주님의 한결같은 사랑으로 회복됐다고 노래할 수 있었다.

주님의 날개 아래서 "생명의 샘"을 누리는 것이 새롭게 사는 길이다. 문제는 우리가 주님의 생수보다 더 좋아하는 것들이 많다는데 있다. 마치 담배가 건강에 해로운 줄 알면서도 끊지 못하는 사람들처럼, 우리는 잘못인 줄 알면서도 '중독된 세상 쾌락'에 끌려 주님의 날개 그늘에서 스스로 빠져나간다. 게다가 간절히 말리는 예언자들을 핍박하고, 주님마저 십자가에 매달았으니 우리의 죄가 참 크다.

주님이 주시는 것을 감사로 받아 누리는 게 구원을 바라는 자의 성숙이다. 올해엔 좀 철든 제자의 품격으로 살아 보자.

절대의존의 믿음

딸아이는 돌 무렵까지 내 품에서 잠든 날이 많았다. 아침형인 아내가 일찍 잠들고 나면, 저녁형인 나는 날 닮아 저녁형인 아기를 안고 좁은 골목을 서성이며 재우곤 했다. 그러다가 나도 졸려서 누우면 딸아이는 내 배에 엎어진 채로 칭얼대다 잠드는 날도 있었다. 신기했던 건 딸아이의 평온함이었다. 딸아이는 내 품에서 조금도 불안해하지 않았다. 어떻게 이럴 수 있을까 싶을 만큼 온전히 자신을 맡겼다. 이것이 바로 '절대적인 의존' 아닌가. 딸아이를 보며, 이런 평온함을 아는 사람이 하나님을 온전히 누리며 사는 사람이란 생각을 했다.

이처럼 평안은 어떤 조건의 열매가 아니다. 인생 화복(禍福)의 유일한 근원이신 주님을 절대적으로 의존하는 믿음의 열매다. 다윗은 그런 믿음으로 살았기에, "어쩌다 비틀거려도 주님께서 손을 잡아 주시니, 넘어지지 않는다"는 평안과 여유를 누릴 수 있었다. 오늘 아침, 우리도 다윗처럼 그런 믿음을 다짐해 보자. "가는 길이 언제나 평탄하다고 자랑하는 자들과, 악한 계획도 언제나 이룰 수 있다고 큰 소리 치는 자들 때문에 마음 상하거나 화내지 않으렵니다." "주님만 의지하고 선을 행하며, 기쁨은 오직 주님에게서 찾겠습니다."

아픈 날의 기도

"이 몸이 이토록 쇠약하여 이지러졌기에, 가슴이 미어지도록 신음하며 울부짖습니다. 나의 사랑하는 자와 친구들이 내 상처를 바라보곤 비켜섭니다. 가족들마저 나를 멀리합니다"(8, 11절, 새번역).

'아파서 죽을 것 같다'는 두려움이 다윗을 지배하고 있다. 적들에게 욱여싸임을 당해도 당당하던 사람 같지 않다. 초조하고 두렵고 상처받아 웅크린 한 마리 짐승 같다. 그러나 이 또한 다윗이 맞다. 아무리 힘들어도 그 고통을 주님을 향한 기도의 제단에 기어이 올려놓지 않는가. "주님, 내가 기다린 분은 오직 주님이십니다. 나의 주, 나의 하나님, 나에게 친히 대답하여 주실 분도 오직 주님이십니다"(15절, 새번역).

기도는 응답을 구하는 일이지만, 그 행위 자체가 곧 생명력이 된다. 그러므로 기도한다는 것은 주님과의 관계를 지속한다는 뜻이고, 거기서 고난의 의미를 발견해 "항상 기뻐하고, 쉼 없이 기도하며, 범사에 감사할" 용기를 갖는다는 뜻이다(살전 5:16 이하 참조).

어떤 이유로도 기도하기를 잊고 사는 것은 교만이다. 아픔을 무릅쓰고라도 우리는 기도해야 한다. 희망의 문은 오직 주권자이신 하나님께 몸도 맘도 맡길 때에만 열리기 마련이다.

한 뼘뿐인 인생도

죽음이 임박하다 싶을 때, 당신이라면 무얼 하게 될까? 다윗은 우선 하나님께 물었다. "주님 알려 주십시오. 내 인생의 끝이 언제입니까? 내가 얼마나 더 살 수 있습니까? 나의 일생이 얼마나 덧없이 지나가는 것인지를 말씀해 주십시오"(4절, 새번역). 그때 주님은 두 가지 깨달음을 주셨다. 인생은 "한 뼘 길이"밖에 안 된다는 것과, 그토록 짧은 생애에 꼭 해야 할 일은 참회와 기도뿐이라는 것이었다.

다윗이 죽음을 앞두고 허무와 염세에 빠졌다는 뜻이 아니다. 오히려 덧없는 인생을 붙들고 계신 주님을 의지하고 소망과 평안을 찾았다는 얘기다. 참 신앙이 비신앙과 구별되는 자리가 바로 여기 아닐까. 시인 하이네가 아픔 속에서 고백했던 '감사'를 다윗은 이해했으리라. "나는 한낱 불쌍한 인간이며… 중증의 환자이다. 이런 때에 만약 하늘에 누군가 있어서 나의 하소연을 들어준다면 얼마나 고마울까."

당신은 당신의 임종을 상상해 보는가? 거기에도 참회의 기도를 들으시는 주님이 함께하실 것이다. 그분과 함께 당신은 그 순간도 평안하리라. 그분께 무엇이든 털어놓는 연습을 시작하라. 지금!

거룩한 다짐

기가 막힐 웅덩이와 수렁에서 나를 끌어올리신 하나님을 새 노래로 찬양하는 감사와 감격을 당신은 아는가. 멸망의 구덩이와 진흙탕에서 건져 주시고, 반석을 딛고 서게 해 주신 하나님을 소리 높여 칭찬해 드렸는가. 다윗은 무엇보다도 자신이 주님을 믿게 된 게 기적이고, 하나님 나라의 백성이 된 것이 주님의 섭리라는 걸 깨달으며 '감사인생'을 다짐한다. "주, 나의 하나님, 주님께서는 놀라운 일을 많이 하시며, 우리 위한 계획을 많이도 세우셨으니, 아무도 주님 앞에 이것들을 열거할 수 없습니다. 내가 널리 알리고 전파하려 해도 이루 헤아릴 수도 없이 많습니다"(5절, 새번역). "나는 많은 회중 앞에서, 주님께서 나를 구원하신 기쁜 소식을 전합니다. 주님께서 아시듯이, 내가 입을 다물고 있지 않을 것입니다"(9절, 새번역).

때로는 희망을 잃을 만큼의 죄가 드러나기도 하고, 깔깔대며 조롱하는 자들에 둘러싸여 수모를 겪기도 하지만, 다윗은 감사인생을 포기하지 않는다.

우리도 찬송하자. 이미 받은 은혜는, 주님의 용서와 돌봄을 신뢰하기에 충분하지 않은가.

감사, 자비의 실천

시편 1권의 마지막 시로, 이 또한 '감사시'다. 다윗에게 찬송과 감사를 받으시는 하나님은 가난한 자를 보살피고, 아픈 자를 병상에서 일으키는 일을 좋아하시는 분이다. 또한 억울한 자를 신원하시는 의로운 주님이시다.

하나님께 감사한다는 것은 아픔과 가난, 두려움과 원망의 세월을 보냈던 이가 은혜와 자비의 하나님을 만났다는 뜻이거나, 누구든 신앙 여정 중에 지난 걸음을 돌아보는 겸손한 자세를 회복했다는 뜻이다.

그런데 40편에서 다윗의 감사가 '복음 선포'였다면, 41편의 감사는 '자비 실천'이다. 다윗은 이 감사가 하나님이 받으시는 예배며 기도라는 것도 깨닫고 있다. "가난하고 힘없는 사람을 돌보는 사람은 복이 있다. 재난이 닥칠 때에 주님께서 그를 구해 주신다. 주님께서 그를 지키시며 살게 하신다. 그는 이 세상에서 복 있는 사람으로 여겨질 것이다…"(1~2절, 새번역).

여전히 많은 이들이 가난하고 아프다. 감사를 회복한 당신이라면, 분명 해야 할 일을 알 것이다.

그리움을 아는 자들

'그리움을 아는 자만이'라는 괴테의 시가 있다. 차이코프스키가 곡을 붙여서 더 유명해진 시다.

그리움을 아는 자만이 / 내 가슴의 슬픔을 알아줍니다 / 홀로 이 세상의 모든 기쁨을 등지고 / 멀리 하늘을 바라봅니다 / 아, 나를 사랑하고 나를 알아주는 사람은 / 지금 먼 곳에 있습니다 / 눈은 어지럽고 가슴은 찢어집니다 / 그리움을 아는 자만이 / 내 가슴의 슬픔을 알아줍니다

고라 자손은 그리워하는 자들이었다. 물을 찾는 사슴처럼 하나님께 목말라 있었다. 살아계신 주님께 찬송을 올리던 공동체를 기억하며 가슴 아파했다. 그들은 성소에서 먼 요단 땅과 헤르몬과 미살 산에 살면서 "네 하나님이 어디 있느냐"는 조롱을 견디고 있다. 그럼에도 불구하고 그들은 '여전히 주님을 찬양하겠다'고 다짐한다. 그렇게 그들은 서로의 슬픔을 알아주며 하나님을 붙드는 공동체를 지켜 냈다. 그들은 그리움을 아는 자들이었다.

당신은 무엇을 그리워하는가?

지금 그리워한다면

연애하던 시절, 만나고 헤어지면 얼마 못 가서 그리움에 사로잡히곤 했다. 말씀이 송이꿀처럼 달다고 깨닫던 시절엔, 자다가도 말씀이 그리워 일어나 성경을 읽곤 했다. 그리움은 이렇게 종종 인생을 지배한다.

고라 자손도 그리움에 사로잡혀 살고 있었다. 원래 그들은 예루살렘 성전에서 문지기(대상 9:19)나 찬양대원(대하 20:19)으로 섬기던 가문의 일원이다. 비록 지금은 낯선 땅을 유리하며 고초를 겪고 있고, 죄를 지어 버림받았다는 조롱까지 받고 있지만, 그래도 그들은 알고 있다. 하나님의 보호와 변호와 구원이 확실히 준비되어 있다는 것을 말이다. 이 믿음으로 그들은 불안을 떨쳐 내고 주님을 갈망하며 찬송했다. "내 영혼아, 어찌하여 그렇게도 낙심하며, 어찌하여 그렇게도 괴로워하느냐? 하나님을 기다려라. 이제 내가, 나의 구원자, 나의 하나님을, 또다시 찬양하련다"(5절, 새번역).

주님과 성전을 간절히 그리워한 덕에, 고라 자손은 불안과 두려움에 사로잡히는 걸 면할 수 있었다. 당신도 주님께 목마른 사람이기를 바란다. 땅의 것은 아무리 취해도 갈증이 해소되지 않는다. 당신이 지금 주님을 그리워한다면 아주 잘된 일이다. 분명 더 좋은 일이 있을 것이다.

그래도 살아내는 신비

고 신영복 선생은 『감옥으로부터의 사색』에서 작은 기쁨이 이룩해 내는 엄청난 역할에 대해 말한 적이 있다. 선생은 옥살이를 하는 동안 '그 자리에 땅을 파고 묻혀 죽고 싶을 정도의 침통한 슬픔'을 겪었다고 했다. 그리고 그처럼 침통한 슬픔이 '지극히 사소한 기쁨'에 의해 위로되는 신비 또한 경험했다고 했다.

고라 자손도 날마다 죽을 지경에 처해 있었다. 나라는 망했고 민족은 조롱거리가 돼 버렸다. 그들의 일상은 치욕의 연속이었다. 그러나 그들은 이 큰 고난을 이기는 신비한 힘을 알았다. 그건 큰 무력이 아니었다. 그저 '기억'이고 '기도'였다. 그들은 "승냥이의 소굴" 같은 현실 속에서도 주님의 이름을 붙들었고, 주님의 약속을 기억했다. 그리고 기도했다. "주님, 깨어나십시오!" 날마다 그렇게 하며 그들은 살아났다.

아무리 큰 고난과 분노와 슬픔이라고 해도, 그걸 이겨 내는 데 꼭 그만한 크기의 보상이 필요한 건 아니다. 인생의 고통을 이기는 데 필요한 것은 주님을 붙드는 마음이다. 주님을 기억하라. 그리고 기도하라. 그러면 날마다 살 수 있을 것이다. 그것도 찬송하고 희망하면서 살아낼 것이다.

진실, 겸손, 정의

왕의 결혼식 노래로 알려진 이 시는 주님 안에서 행하는 예식의 기쁨을 알려 준다. 동시에 그 왕이 공평하고 정의롭게 정치할 때, 백성은 기쁨과 긍지를 가질 수 있다고 깨우쳐 준다.

권력의 위엄은 화려한 의식이나 대단한 무력으로 입증되지 않는다. 오히려 진실과 겸손과 정의로 입증된다. 당신도 누군가에게 영향력을 행사할 수 있는 위치에 있다면 진실해야 한다. 당신의 말과 행동을 귀감이나 기준으로 삼는 이가 있기 때문이다. 또한 겸손해야 한다. 복과 위엄, 영화와 권위를 누군가보다는 많이 가졌기 때문이다. 그리고 무엇보다 정의를 실천해야 한다. 당신에게 주어진 은총과 힘은 그것이 꼭 필요한 누군가에게 전달돼야 할 것이기 때문이다.

권력을 좋아하는 자들이 잔치의 상좌만 차지하고 자신의 성공만 추구한다면, 백성은 고단할 수밖에 없다. 권력자들이 선한 영향력을 행사하며 백성의 기쁨을 추구할 때, 백성은 행복한 꿈을 꿀 뿐 아니라, 오히려 권력자를 지켜 주며 응원하는 진짜 권력이 돼 줄 것이다. 그게 하나님 나라가 이 땅에 임하는 모습이지 않을까.

내 주는 강한 성이요

"하나님은 우리의 피난처, 우리의 힘이시며, 어려운 고비마다 우리 곁에 계시는 구원자"이시다(1절). 종교개혁자 마르틴 루터는 이구절을 의지해 어둠의 권세가 돼 버린 가톨릭의 전통에 도전했다. 그의 업적 중 하나가 독일어로 된 회중찬송이다. 특히 시편 46편을 바탕으로 루터가 가사와 곡을 만든 찬송 585장, "내 주는 강한 성이요"는 루터의 찬송이자 종교개혁의 진군가로 인식된다. 루터뿐 아니라 많은 개혁가들이 이 찬송과 함께 어려움을 극복하곤 했다. 17세기, 영국 공화정 시대에 가톨릭을 떠나 프로테스탄트 신앙으로 나라를 다스리던 섭정관 올리버 크롬웰은 어느 날 국회에서 이렇게 연설했다. "여러분의 마음이 군건하다면, '루터의 찬송'을 부릅시다. 하나님은 우리의 피난처시며 어려울 때 도움이 되십니다. … 만군의 하나님이 우리와 함께하십니다."

그렇다. 하나님은 우리의 피난처시며, 전쟁도 다스리시어 그 전쟁을 그치게 할 뿐 아니라 아예 전쟁의 의지마저 꺾어 버리는 진짜 왕이시다. 그러니 의를 도모하다가 어려움을 만나도 두려워하지 말자. 하나님의 능력과 사랑을 믿으며 '잠깐 멈춰 있으면', 하나님이 하시는 일을 보게 될 것이다.

정성을 다하면, 괜찮다

"하나님은 온 땅의 왕이시니, 정성을 다하여 찬양하여라"(7절, 새번역).

"정성을 다하여"라는 표현이 참 좋다. 개역개정은 '지혜의 시로 찬양하라' 했고, 공동번역은 '멋진 가락에 맞추어 찬양하여라' 했다. 표준새번역도 '찬양의 시로 노래하여라'라고 번역한 이 문장을 유독 새번역성경만이 "정성을 다하여 찬양하여라"로 번역했다. '뭔가 좀 서툴러도 좋으니 너도 정성을 다해 찬양하면 된다'는 뉘앙스로 들리지 않는가. 그래서 좋다. 특히 '찬양하라'는 의미의 히브리말 '잠므루우'는 현악기를 사용하면서 부르는 찬양을 뜻한다고 하니, 연주가 좀 서툴러도 정성을 다한다면 괜찮다는 뜻의 권면으로 들을 수 있는 표현이다.

온 땅의 왕이신 하나님은 말구유에 갓난아기를 눕히고도 '괜찮다!' 하셨고, 가난한 과부의 동전 두 개를 받으시고도 '많구나!' 하신 분이 아닌가. 그러므로 어린아이의 서툰 찬양이나 나이 들어 느리고 어눌해진 말투로 드리는 찬양의 고백도 하나님께는 다 기쁨이리라. 그들의 정성어린 찬양을, 주님은 "주님, 저 괜찮아요. 주님도 힘내세요!"라는 응원으로 들으실 테니 말이다.

살고 싶은 도시

"너희는 시온 성을 돌면서, 그 성을 둘러보고, 그 망대를 세어 보아라. 너희는 그 성벽을 자세히 보고, 그 궁궐을 찾아가 살펴보고, 그 영광을 전해 주어라. '하나님께서 영원토록 우리의 하나님이시니, 영원토록 우리를 인도하여 주신다' 하여라"(12~14절, 새번역).

분명 이 시는 '예루살렘 찬가'라고 할 수 있다. 그런데 고라 자손이 노래하는 것은 '잘사는 도시 예루살렘'이 아니라 '하나님의 도성' 예루살렘이다.

이스라엘 민족은 다들 '예루살렘은 하나님의 도성'이라고 믿었고, 거기서 위대한 하나님의 이름을 찬송할 날을 기다렸다. 그들은 예루살렘 곳곳에 있는 하나님의 구원약속의 흔적을 기억하며, 앞으로 경험할 하나님의 구원도 '하나님 나라의 도성'을 중심으로 이뤄질 것이라고 확신했다. 이것이 이스라엘이 예루살렘 찬가를 부르는 이유이며 그 성에서 살고 싶은 이유였다.

당신도 어딘가 살고 싶은 도시가 있는가. 그 이유는 무엇인가. 하나님 나라와 하나님이 이루실 구원과 상관있는가. 그렇다면 기도하라. 하나님은 마침내 당신을 그리로 인도해 주실 것이다.

존귀하나, 짐승 같다

먼저 예수님이 들려주신 '한 부자에 관한 이야기'를 나누고 싶다 (눅 12장).

"어떤 부자가 밭에서 많은 소출을 거두었다. 그래서 그는 속으로 '내 곡식을 쌓아 둘 곳이 없으니, 어떻게 할까?' 하고 궁리하다가 이렇게 결정했다. '곳간을 헐고서 더 크게 짓고, 내 곡식과 물건들을 다 거기에다가 쌓아 두겠다. 그리고 내 영혼에게 말하겠다. 영혼아, 여러 해 동안 쓸 많은 물건을 쌓아 두었으니, 너는 마음을 놓고 먹고 마시고 즐겨라.' 그러나 하나님께서 그에게 말씀하셨다. '어리석은 사람아, 오늘 밤에 네 영혼을 네게서 도로 찾을 것이다. 그러면 네가 장만한 것들이 누구의 것이 되겠느냐?' 자기를 위해서는 재물을 쌓아 두면서도 하나님께 대하여 인색한 사람은 바로 이와 같이 될 것이다."

이 땅에서 죽음을 피하고 영원히 살 사람은 없다. "누구나 볼 수 있다. 지혜 있는 사람도 죽고, 어리석은 자나 우둔한 자도 모두 다 죽는 것을! 평생 모은 재산마저 남에게 모두 주고 떠나가지 않는가!"(10절, 새번역) 그러므로 존귀하나 깨닫지 못하는 사람은 "멸망하는 짐승" 같다. 당신과 나의 이야기가 아니길 바랄 뿐이다.

감사신앙의 힘

모든 일이 내가 원하는 대로 되지 않는다고 느껴질 때가 있다. 그럴 때, 당신은 어떻게 하는가. 오늘 시인이 전하는 계시는 '감사예배'다. 걱정을 멈추고 하나님께 감사하며, 악한 길을 떠나 의로운 길을 걸으며 주님을 부르라고 한다. 그러면 주님의 구원을 볼 수 있다는 것이다. "감사제사를 하나님께 드리며, 너희의 서원한 것을 가장 높으신 분에게 갚아라. 그리고 재난의 날에 나를 불러라. 내가 너를 구하여 줄 것이요, 너는 나에게 영광을 돌리게 될 것이다"(14~15절, 새번역).

바울은 이 신비를 알았던 사람이다. 복음을 전했다는 이유로 빌립보에서 실라와 함께 매를 맞고 투옥되었을 때, 그들은 주님께 감사하며 찬양했다. 그러자 지진과 함께 개입하신 주님의 역사로 그들은 자유를 되찾았고, 어렵게만 보였던 전도의 문이 열렸다(행 16:22 이후). 훗날, 바울은 빌립보교회에 이 신비한 지혜를 전했다. "아무것도 염려하지 말고 다만 모든 일에 기도와 간구로, 너희 구할 것을 감사함으로 하나님께 아뢰라. 그리하면 모든 지각에 뛰어난 하나님의 평강이 너희 마음과 생각을 지키시리라"(빌 4:6~7). 이 신비한 계시는 지금도 여전히 유효하다.

혼자는 할 수 없는 일

51편은 다윗이 참회하며 기도한 찬양시다. 다윗이 가장 힘겨워한 것은 자신 안에 '순결한 마음'을 창조할 능력이 없다는 것이었다. 예언자 나단이 찾아와 다윗의 죄를 고발할 때까지 다윗은 자신이 '실수했다'고 생각했다. 마음만 먹으면 되돌릴 수도 있고, 그게 어렵다면 다시 그런 실수를 하지 않으면 된다고 자위했다. 그러나 그 일은 실수가 아니라 죄였다. 그 죄를 원했을 만큼 자신은 타락한 것이었다. 스스로는 이를 해결할 수 없는 무기력한 존재임을 깨달으면서, 다윗은 절망했고 하나님 앞에 엎드렸다. '순결한 마음'을 창조하는 능력은 오직 주님께만 있었다.

당신의 마음은 안녕한가. 민망함을 무릅쓰고 자신의 마음을 찬찬히 들여다보라. 당신도 죄로 가득 찬 마음의 고통을 느끼는가. 방종과 부패와 뻔뻔함이 만연한 사회에서 산다고 해서 분명한 죄를 실수라고 우기진 말자. 다윗처럼 정직한 기도를 드리는 게 마땅하다. "하나님, 나는 나 자신을 변화시킬 수 없습니다. 내 죄가 나를 끌고 다닙니다. 주님께 맡깁니다. 내 안에 순결한 마음을 다시 만들어 주옵소서." 절망과 희망이 교차하는 아침이다.

사냥감에 눈이 팔려서

어느 한 곳에 눈을 빼앗기면 정말 보아야 할 것은 못 본 채 인생을 허비하는 경우가 많다. 성공이라는 늪에 빠져 가족을 포기했다가 그 성공이 부질없음을 깨닫고 후회하기도 하고, 돈에 눈이 멀어 잃어서는 안 될 주님과 친구를 잃고는 뒤늦게 한탄하기도 한다.

『회남자』(淮南子)에는 명예와 욕심에 빠져 사람의 도리를 저버리고 산다는 뜻의 글귀가 있다. 바로 "축록자불견산"(逐鹿者不見山)이다. '축록자'(逐鹿者), 곧 '사슴을 쫓는 사냥꾼'이 사냥감에 눈이 팔려, '불견산'(不見山), 곧 '주위의 산을 보지 못한다'는 뜻이다. 소아적 목표에 빠져 주변을 살피지 못하는 사람을 탄식하여 이른 말이다. 이와 비슷하게는 '확금자불견인'(攫金者不見人)이 있다. 돈만 쫓는 사람은 (마땅히 봐야 할) 사람을 제대로 못 본다는 뜻이다. 이런 이들은 '장사는 사람을 남기는 것이다. 이익은 그 사람들이 가져다준다'고 믿었던 개성상인의 상도(商道) 같은 건 이해하지 못할 것이다.

우리라고 별 수 있을까. 이기적 욕심에 사로잡히면 사람도 잃고 하나님도 잃는다. 아무쪼록 조심하며, "하나님의 집에 있는 푸른 감람나무"처럼 살아가자.

마음이 나쁜 건 죄가 된다

세계교회협의회 밴쿠버 제6차 총회(1983년) 보고서는 '사람 사랑', 곧 '인권 존중'이 '하나님 신앙'과 다르지 않다는 깨달음을 이렇게 전한다.

"모든 인간은 인종, 성, 종교에 상관없이 하나님에 의해 한 사람의 개인으로, 또 인간 공동체 안의 존재로 창조되었다. 그렇지만 세상은 죄로 인해 타락했고, 그 결과 인간관계는 파괴되었다. 인류와 피조물을 하나님과 화해시키면서, 예수 그리스도는 또한 인간과 인간을 화해시키셨다. 우리 이웃을 사랑하는 것은 하나님께 복종하는 것의 본질이다."

"하나님이 없다"는 부패한 마음은, 인권을 짓밟는 부패한 세상의 원인이다. 주님은 탄식하신다. "죄악을 행하는 자는 다 무지한 자냐? 그들이 밥 먹듯이 내 백성을 먹으면서 나 하나님을 부르지 않는구나"(4절, 새번역).

머리 나쁜 건 죄가 되지 않지만 마음이 나쁜 건 죄가 된다. 그런데도 세상은 머리공부만 죽어라 시키고, 교회들마저 마음을 살피지 않는다면 하나님 나라는 심판과 함께 임할 것이다.

주님이 도우셨다!

'십 사람 몇이 사울에게로 가서 다윗이 자기들에게로 와서 숨어 있다고 밀고하였을 때에 다윗이 지은 시'라는, 긴 표제가 붙은 시다. 다윗의 입장에서 억울하고 분하고 또 초조하기 짝이 없어야 마땅한 상황 아닌가. 그러나 다윗은 그다지 불행해 보이지 않는다. 오히려 즐겁게 예배에 참석해 예물을 드리고, 감사로 찬양하기까지 한다. "내가 즐거운 마음으로 주님께 제물을 드립니다. 주님, 내가 주님의 선하신 이름에 감사를 드립니다"(6절, 새번역). 아니 대체 어떻게 이럴 수 있었을까, 다윗은.

이런 예배 분위기의 반전 요인은 기도였다. "하나님, 주님의 이름으로 나를 구원하시고, 주님의 권세로 나의 정당함을 변호하여 주십시오"(1절, 새번역). 그리고 믿음이었다. "그러나 하나님은 나를 돕는 분이시며, 주님은 내게 힘을 북돋우어 주는 분이시다"(4절, 새번역).

쉽게 이해하자면, 다윗은 사람을 붙들고 하소연하며 도움을 청하기보다, 주님께 나아가 예배하며 기도하는 시간을 늘렸다. 그 결과, 문제가 된 상황이 호전되기도 전에 다윗은 믿음과 평정심을 회복했던 것이다. 우리의 예배와 기도 시간도 그 질과 양으로 좀 더 늘어날 필요가 있지 않을까.

탄식과 신음만으로도

도시에는 근심하며 분노할 일이 많다. 원수들의 욕설이 들리고, 폭력과 분쟁, 억압과 속임수도 많다. 당연히 스트레스가 많은 도시인은 공포와 혼란으로 가득한 일상에서 벗어나고 싶다. 다윗도 소망했다. "나에게 비둘기처럼 날개가 있다면, 그 날개를 활짝 펴고 날아가서 나의 보금자리를 만들 수 있으련만. 내가 멀리멀리 날아가서, 광야에 머무를 수도 있으련만"(6~7절, 새번역).

시인이 날아가고 싶은 곳은 놀랍게도 광야다. 광야에는 동료인 척하다가 뒤통수치는 놈들이 없다. 대신 지친 자를 일으키시는 주님을 만날 수 있는 곳이다. 저녁이든 아침이든 또는 한낮이든, 주님을 붙들고 탄식하고 울부짖거나 신음만 해도 살아날 수 있는 곳이다.

내게도 날개가 있다면 광야로 날아가고 싶다. 폭력과 악함과 속이는 영으로 가득 찬 놈들이 다들 자빠질 때까지 그냥 거기서 엎디어 있고 싶다. 그래서 이런 찬송을 부르며 돌아오고 싶다. "너희의 짐을 주님께 맡겨라. 주님이 너희를 붙들어 주실 것이니, 주님은, 의로운 사람이 망하도록, 영영 그대로 버려두지 않으실 것이다"(22절, 새번역).

두렵지만, 두렵지 않다

"두려움이 온통 나를 휩싸는 날에도, 나는 오히려 주님을 의지합니다"(3절, 새번역).

다윗은 두려울 때 두렵다고 말하는 걸 부끄러워하지 않았다. 두려움을 극복하는 법, 곧 "주님을 의지하고 두려워하지 않기"를 알았기 때문이다.

정차해 있는 기차의 냉동 칸에 들어갔다가 문이 잠기는 바람에 죽은 사람의 이야기를 읽은 적이 있다. 그는 벽에 '몸이 서서히 얼어 간다. 아무리 외쳐도 찾아오는 사람이 없다. 여기서 이렇게 죽는 게 무섭다'라고 써 놓았다. 그런데 죽은 그를 발견했을 때 정작 사람들을 놀라게 한 것은, 그 냉동차가 오래전부터 고장 나 있었다는 사실이었다. 그는 얼어 죽은 게 아니라 두려워서 죽은 것이다.

여전히 많은 사람들이 두려워서 죽는다. 그리되지 않으려면, 다윗처럼 두렵다고 인정하면서도 두려워하지 않는 믿음의 용기를 구해야 한다. 오직 주님만을 의지할 때, 주님은 반드시 응답하실 것이다. "수고하며 무거운 짐을 진 사람은 모두 내게로 오너라. 내가 너희를 쉬게 하겠다"(마 11:28, 새번역).

사자들 가운데 누웠어도

시인 박노해는 어느 새해 아침에 "희망은 필사적이다"라는 시를 썼다. 새해 아침에 그는 사람들 속에서도 혼자였다. 그에게 세상은 늘 혼돈이고, 시대는 늘 위기였으며, 인생은 늘 길 잃은 생이었다. 그 아침, 그는 흰 설원의 길 위에 '희망은 필사적이다'라고 쓴다.

다윗에게도 비슷한 감상으로 맞은 아침이 있었다. (표제어는 다윗이 사울을 피해 동굴에 숨었던 때를 특정해 준다.) 그는 "사람을 잡아먹는 사자들 한가운데 누워" 있는 듯 했다. 무서움과 외로움에 전율했다. 그러나 절망하고 말 수는 없었다. 그는 하나님의 "인자와 진리" 곧 "사랑과 진실"(새번역) 앞에 선다. "참으로 하나님, 나를 불쌍히 여겨 주십시오. 가장 높으신 하나님께 내가 부르짖습니다. 나를 위하여 복수해 주시는 하나님께 내가 부르짖습니다. 하늘에서 주님의 사랑과 진실을 보내시어, 나를 구원하여 주십시오."

다윗은 간절히 희망을 찾았고, 사랑과 진실을 구했으며, 새벽을 깨우기까지 필사적으로 주님께 매달렸다. 그래서 어찌됐을까. 마침내 은혜와 평강을 얻었다. 찬송을 회복할 수 있었다. 우리 속담에 '호랑이 굴에 들어가도 정신만 차리면 산다'고 했던가. 다윗이라면 이렇게 말했을 것이다. "사자들 한가운데 누워 있더라도 필사적으로 하나님의 사랑과 진실을 구하면 산다."

분노하고, 기도하라

"너희 통치자들아, 너희가 정말 정의를 말하느냐? 너희가 공정
하게 사람을 재판하느냐? 그렇지 않구나. 너희가 마음으로는 불의
를 꾸미고, 손으로는 이 땅에서 폭력을 일삼고 있구나"(1~2절, 새번
역).

58편이 다윗이 지은 것이라면, 그가 말하는 통치자들은 왕 사울
과 그의 휘하들이었을까, 아니면 더 어린 시절에 경험한 블레셋의
왕들과 장수들이었을까. 그게 누구든 다윗은 불공정과 불의와 폭
력을 행사하는 데 여념이 없는 권력자들을 보며 분노하고 있다. 그
리고 그 분노를 가지고 하나님 앞에 나아가 이렇게 부르짖었다.

"하나님, 그들의 이빨을 그 입 안에서 부러뜨려 주십시오. … 그
들을 급류처럼 흔적도 없이 사라지게 해주십시오. 겨누는 화살이
꺾인 화살이 되게 해주십시오"(6~7절, 새번역).

이런 기도는 불의한 권력에 저항하는 기본적이고도 아주 훌륭한
선교의 방법이다. 기도로 저항하는 이들이 있을 때, 사람들은 하나
님에 대해 언젠가 이렇게 말할 것이다. "과연, 의인이 열매를 맺는
구나! 과연, 이 땅을 심판하시는 하나님은 살아 계시는구나!"(11절,
새번역)

71

주님은 내가 피할 요새

젊은 시절의 다윗은 그를 원수로 여기는 권력자들을 피해 도망 다니느라 고단했다. 다윗이 어떻게 그 시절을 견뎌 냈는지 오늘의 시가 두 가지 비결을 보여 준다. 하나는, 권력자들의 힘을 부러워하지 않았다는 것이다. 오히려 다윗은 그들을 '개'같이, 그들의 고발은 '개떼의 짖음'같이 여겼다. 다른 비결은, 권력자들의 저주와 거짓말에 대해 다윗은, "주님을 요새로" 삼고 두려워하지 않았다는 것이다. 원수들이 사악한 불화살을 날려도 다윗은 요새이신 주님 안에서 주님과 함께 그들을 비웃을 수 있었다. 결국 원수들은 저물 때 배고파 울면서 성을 헤매며 으르렁거리는 개들처럼 될 것이라고 다윗은 확신했다.

힘 있는 자들이 사악한 거짓말과 모함으로 불안을 조장하며 하나님 나라의 평화를 왜곡하거나 의심하도록 해도, 두려워하지 말자. 만군의 하나님이신 우리 주님은 모든 나라를 차별 없이 심판하시고, 사악한 꾀를 꾸미는 자들이 망하는 꼴을 우리에게 보여 주실 것이다. 그러니 우리도 다윗처럼 찬송하며 살자. "하나님은 나의 요새, 하나님은 나의 사랑"이라고.

하나님이 약속하신 것

살다 보면 고난을 만난다. 그런 점에서 60편의 기도는 분명 있음 직한 고백이다. 그런데 어쩐지 낯설다. "하나님, 주님께서 우리를 내버리시고, 흩으시고, 우리에게 노하셨으나…"(1절, 새번역). "주님께서 주님의 백성에게 곤란을 겪게 하시고, 포도주를 먹여 비틀거리게 하셨습니다"(3절, 새번역). "하나님, 우리를 정말로 내버리신 것입니까? 주님께서 우리의 군대와 함께 나아가지 않으시렵니까?"(10절, 새번역) 한마디로 전쟁에서 패했다는 고백들이다. 게다가 지진으로 놀랐다는 고백도 있다. "주님께서 땅을 흔드시고 갈라지게 하셨으니…"(2절, 새번역).

이런 고백들이 낯선 이유는, 하나님을 부르는 이들은 늘 이겨야 하고, 특히 다윗처럼 하나님의 마음에 들었던 이들은 뭘 해도 잘되는 게 마땅하다고 여겼기 때문일 것이다. 예수 믿고 살면 늘 건강하고 성공하며, 부자에 귀인도 되는 게 맞을까? 주님이 약속하신 건 그런 '양지'가 아니다. 하나님이 약속하신 건, 양지든 음지든 어디서나 우리와 '함께하시겠다'는 것이다. 그러므로 우리는 패배와 재앙 가운데서도 다시 희망하며 기도할 수 있다. "어서 이 곤경에서 우리를 도와주십시오! 사람의 도움은 아무것도 아닙니다"라고. 나를 도우실 이는 내 곁에 계신 하나님뿐이다.

평화의 산에 올라

선친의 무덤은 꽤 높은 산에 있었다. 장례 때 운구하던 분들이 고생을 많이 했다. 찾아가려면 등산화부터 챙겨야 했다. 그런데 그 높은 곳에 앉아서 내려다보는 감상은 남달리 좋았다. 집과 차들이 성냥갑만 하게 보이고, 산과 들은 한 폭의 수채화처럼 보이는 그 순간, 뜻밖의 평화를 느끼곤 했다. 감사의 기도가 이어졌고 찬송을 흥얼거리기도 했다.

땅끝에 던져진 것처럼 힘겨워하던 다윗이 "내 힘으로 오를 수 없는 저 바위 위로 나를 인도해" 달라고 기도하던 까닭을, 난 선친의 무덤 앞에 앉아서 깨달았다. 이스라엘은 산 위에 있는 성전으로 오를 때마다 이 기도로 하나님께 찬미를 드렸을 것이다. 그리고 믿음의 눈으로 자신과 세상을 내려다보며 하나님이 주시는 평화를 얻었을 것이다.

문제의 골짜기에서 문제들과만 씨름하는 것은 어리석은 일이다. 높은 곳으로 올라가야 한다. 미주알고주알 풀어 보려다 짜증내지 말고, 모든 시름을 훌훌 털어 낼 수 있는 평화의 산으로 올라 보자. "주님은 나의 피난처시요, 원수들에게서 나를 지켜 주는 견고한 망대이십니다"(3절, 새번역)라는 고백과 함께.

기다림, 곧 거룩한 사랑

도종환의 시, '더 기다리는 우리가 됩시다'는, 사랑은 기다림의 원천이고, 기다림은 포기하지 않는 삶의 비결이란 걸 알게 한다. 그는 우리가 약속의 땅에 이르지 못해도, 승리의 기억을 마련하지 못해도, '더 기다리는 사람이 되자'고 권면한다. 아니, 다짐한다. 그 동안 쏟은 사랑을 틀렸다고 여기지 말고, 사랑했던 사람을 미워하지 말고, 오히려 '더욱 세차게' 기다리는 사람이 되자고. 결국 시인이 노래하는 '기다림'은 '사랑'인 것이다. 그러므로 기다리는 사람이 되자는 시인의 노래는, 끝까지 사랑하는 사람으로 살리라는 다짐인 셈이다.

기다림이 거룩한 이유를 아는가. 사랑이 그러하듯 기다림도 그 결과로 가치를 평가할 수 있는 게 아니기 때문이다. 사랑이 사랑 자체로 가치 있는 것처럼, 기다림 또한 그 자체로 이미 귀하다. 다윗은 기다림이 곧 사랑이란 걸 진즉에 알았던 사람이다. 그는 하나님을 사랑했기에 기다림의 사람으로 살았고, 그래서 기다림의 광야길, 그 외로운 길을 포기하지 않고 내내 걸었다. "내 영혼아, 잠잠히 하나님만 기다려라. 내 희망은 오직 하나님에게만 있다"(5절, 새번역). 오늘도 주님과 주님이 주실 은총을 기다리는 자는 복이 있다. 한결같은 사랑으로 찾아오시는 주님을 만날 테니 말이다.

경험 그리고 기억

"하나님, 주님은 나의 하나님입니다. 내가 주님을 애타게 찾습니다. 물기 없는 땅, 메마르고 황폐한 땅에서 내 영혼이 주님을 찾아 목이 마르고, 이 몸도 주님을 애타게 그리워합니다"(1절, 새번역).

이런 그리움과 찾음은 경험자의 것이다. 책이나 극에서, 누군가의 이야기에서 보고 들어 짐작하게 된 '주님과의 만남'이 아니다. 진짜 경험이다. 그래서 다시 '광야 같은 삶'의 복판에 섰을 때, 그는 그 진짜 경험을 기억할 수 있었고, 간절하게 사모했던 것이다. "잠자리에 들어서도 주님만을 기억하고 밤을 새우면서도 주님만을 생각합니다"(6절, 새번역).

"기름지고 맛깔스러운 음식을 배불리 먹은 듯"한 영혼의 만족과 "기쁨에 가득 찬 입술로" 부르는 찬양은 그렇게 하여 얻은 응답이다. 주님과의 만남을 기억하고, 그 주님을 간절히 사모할 때 광야에서도 만족과 기쁨을 누릴 수 있다.

당신도 은혜 경험자인가? 그렇다면 기억하라. 그리고 애타게 그리워하라. 만약 아직 그러한 경험이 없다면, 평생에 지울 수 없는 특별한 경험을 사모하라.

그게 뭐?

악을 연마하고 서로 장려하며 불의한 일로 승승장구하는 것처럼 보이는 자들이 있다. 다윗은 그런 이들에게 둘러싸여 살았지만 무서워하거나 주눅 들지 않았다. 정의의 재판장이신 "하나님이 손수 활을 쏘시면 저희가 졸지에 넘어질 것"을 알았기 때문이다. 그러므로 다윗은 악한 이들이 모여 더 악한 일을 꾀한다고 해도 담담히 기도할 뿐이었다. 그들의 악함보다 오히려 그네들에게 활을 쏘시는 하나님을 두려워했기 때문이다. 그런데 이 두려움은 묘한 감정이어서, 다윗은 그 두려운 주님께로 피하는 게 즐거웠다고 노래한다. 정직한 마음으로 주님을 자랑했다고도 말한다. 이렇게 사는 게 하나님을 경외하는 의인의 삶이다.

우리도 의인으로 살 수 있다. 매일 원수의 위협이나 악인의 모략으로 소동이 벌어지고, 칼과 독화살 같은 말들이 난무해도 쫄지 않고 담대할 수 있다. 악한 이들이 모여서 불의한 일들을 꾸몄다는 말을 들어도 그냥 "그게 뭐?" 할 수 있다. "원수 갚는 것은 내게 있으니 내가 갚으리라"(신 32:35)고 선언하신 주님을, 우리도 알지 않는가!

성전 안팎에서의 충만

"주님께서 택하시고 가까이 오게 하시어 주님의 뜰에 머물게 하신 그 사람은, 복이 있는 사람입니다. 그러므로 우리는, 주님의 집, 주님의 거룩한 성전에서 온갖 좋은 복으로 만족하렵니다"(4절, 새번역).

민음은 하나님을 두려워하는 것만이 아니다. 성전에 나아가 하나님을 찬송하고 서원한 것을 성실히 이루기 위해 기도하며 사는 것이기도 하다. 다시 말하면, 의인은 믿음으로 하나님과 동행하는 것을 즐기는 사람이다. 그리고 그런 동행의 즐거움은 건물인 성전 안에 국한되지 않는다. 하나님의 창조와 섭리를 찬송하며 사는 일은 일상의 성전에서도 계속된다.

"주님께서 땅을 돌보시어, 땅에 물을 대주시고, 큰 풍년이 들게 해주십니다. … 큰 복을 내리시어, 한 해를 이렇듯 영광스럽게 꾸미시니, 주님이 지나시는 자취마다, 기름이 뚝뚝 떨어집니다"(9, 11절, 새번역).

이렇게 성전 안과 밖에서 영과 육으로 균형 잡힌 의인들은, 임마누엘 주님과 함께 '기적 같은 충만'을 누릴 수 있다. 우리도 좀 통 크게 상상하며 기도하자. 성전 안팎에서 의인의 삶을 살면서 하나님 나라와 선교마저 이뤄 낸다면 기쁘지 않겠는가.

주님도 힘드실 텐데

"주님께서 우리를 시험하셔서, 은을 달구어 정련하듯 우리를 연단하셨습니다"(10절, 새번역).

참 귀한 신앙고백이다. '주님은 우리를 연단하신다!'는 믿음이 모든 감사와 찬양의 토대가 되고 있다.

정련의 과정을 아는가. 용광로의 뜨거운 불길 속에서 부글거리며 은이 녹으면, 불순물과 찌끼들은 표면으로 올라온다. 정련하는 자가 그것을 걷어내는데, 자신의 얼굴을 비춰서 상이 일그러지지 않을 때까지 반복한다고 한다. 그런 후에야 비로소 세공이 가능한 은이 되는 것이다.

주님도 우리를 이렇게 연단하신다. 주님이 사용하시는 용광로는 고난이다. 그런데 용광로가 뜨거울수록 불순물은 빨리 떠오른다고 하니, 내가 경험하는 고난만 유독 힘들다고 불평하는 건 무지의 소치가 아닐까. 또한 기억해야 할 것은, 연단의 수고는 우리만의 몫이 아니라는 점이다. 연단하시는 주님도 수고하신다. 유리 공장에서 일하는 분들을 본 적이 있다. 용광로에서 펄펄 끓는 유리로 뭔가를 만들어 내느라고 땀을 비 오듯 흘리고 있었다. 그런 고생을 하시며 주님이 우리를 연단하시는 이 기적 같은 복을 어찌 감사하지 않을 수 있을까.

축도하듯 사는 삶

"하나님, 우리에게 은혜를 베풀어 주시고, 우리에게 복을 내려 주십시오. 주님의 웃는 얼굴을 우리에게 보여 주소서"(1절 참조).

이 기도는 축도다. 원형은 민수기에 나온다. "주님은 네게 복을 주시고 너를 지키시기를 원하며, 주님은 그의 얼굴을 네게 비추사 은혜 베푸시기를 원하며, 주님은 그 얼굴을 네게로 향하여 드사 평강 주시기를 원하노라"(민 6:24 이하).

온 세상이 여호와의 복 주심을 깨닫고 하나님을 칭찬하는 찬양을 올려드린다면, 그리고 그 찬양의 소리가 점점 더 커진다면 그건 분명 하나님 나라가 임한다는 뜻일 것이다.

그런데 이 기도에서 언급되는 주님이 주시는 복은 무엇인가? 하나는 "온 백성을 공의로 심판하시며, 세상의 온 나라를 인도하시"는 일이고, 다른 하나는 땅이 오곡백과를 내도록 하시는 일이다. 그렇다면 이런 주님의 복을 빌어 주는 축도는 '공평한 나눔', 곧 '평화'를 위해 일하는 것과 다르지 않아야 한다. 예배뿐 아니라 일상의 정치와 경제에서도 축도하듯 사는 게 진정 선교인 것이다.

대신 짐 지시는 주님

68편에는 사사 드보라의 노래(삿 5장)가 들어 있고, 모세의 축복 송(신 33장)도 들어 있다. 또한 법궤노래(민 10장)나 '고아들의 아버지이신 하나님'과 같은 전승도 보인다. 이렇게 여러 노래를 모아 편집한 것으로 보이는 이 시의 주제는 "날마다 우리 짐을 져 주시는 하나님"(19절)이다.

하나님은 인생의 외로움과 고독의 짐을 져 주시고, 산업과 생존의 짐을 져 주시며, 전쟁의 공포라는 짐도 져 주신다. 이 하나님은 바로 임마누엘, 곧 자기 백성과 함께하는 아버지 주님이시다. 이런 '하나님 발견'에서 "네 짐을 주님께 맡겨 버리라"는 믿음이 나왔다(시 55:22). 베드로 사도가 "너희 염려를 다 주님께 맡겨 버리라"(벧전 5:7)고 권고할 수 있었던 것도 "날마다 짐을 져 주시는 하나님"을 신뢰했기 때문이다.

묵상할수록 은혜가 되는 고백이다. 날마다 나의 짐을 대신 져 주시는 하나님이라니, 든든하지 않은가? 그분을 자랑하면서 살 때, 당신의 오늘은 분명 유쾌한 날이 될 것이다.

황소보다 귀한 예물

전체 36절 중에서 28절이 탄식이다. 그런데 다윗은 탄식 중에도 이렇게 기도한다. "오직 나는 가난하고 슬프오니 하나님이여 주의 구원으로 나를 높이소서"(29절). 무슨 탄식이 이토록 당당할 수 있단 말인가. 예물을 준비했기 때문일까? 가난하고 슬픈 중에도 다윗은 하나님께 드릴 예물, 곧 찬양을 가지고 왔다. 그는 찬양이 "소를 바치는 것보다, 뿔 달리고 굽 달린 황소를 바치는 것보다, 주님을 더 기쁘게 할 것"을 분명히 알았다.

내 어머니는 한때 예배하러 갈 차비도 없었다. 그래서 먼 길을 마냥 찬송하며 걸었다. "내 주를 가까이하려 함은 십자가 짐 같은 고생일세. 내 일생 소원은 늘 찬송하면서 주께 더 나가기 원합니다." 걷는 내내 어머니는 슬프지도 힘들지도 않았다. 오히려 비밀한 기쁨을 알게 됐다.

당신의 오늘이 가난하고 슬퍼도, 병들어 아파도, 주님을 찾을 때 기죽을 필요는 없다. '당신'을 기뻐하는 하나님이 아니신가. 다만 황소보다 귀한 예물을 준비하자. 그동안 게을러 못 드렸던 찬송을 힘껏 부르자. 황소 몇 마리를 넘어서는 예물을 드리고 나면, 기적 같은 은혜가 임하지 않겠는가.

화병(火病)을 예방하려면

한국인만 앓는다는 병이 있다. '화병'이다. "분노의 억압에서 기인하는 한국인에게만 나타나는 특이한 현상"으로 미국정신과협회가 '화병'을 규정했단다. 아마도 화, 분노, 체념, 패배의식, 적개심, 열등감, 우울 등의 부정적인 감정을 계속 몸에 쌓아 두는 한국인의 문화적 증후군 탓일 테다. 나이 들어 몸이 약해지거나 큰 스트레스가 있을 때는 병으로 터지지만, 평상시에는 '울컥'과 '버럭'으로 나타나다가 '묻지마 범죄'나 '자해' 또는 '자살'로 터지기도 한다. 유독 많다는 고소, 고발도 '울컥'이나 '버럭'과 연관이 있지 않을까.

다윗은 화를 건강하게 해소하는 법을 알았지 싶다. "속히"(빨리)를 거듭 외칠 만큼 다윗은 분노했지만, 보복으로 폭발하거나 제 몸에 화를 쌓기보다 주님께 그 화를 가지고 나갔다. 신원과 보복을 주님께 맡기면서 그는 치미는 화를 해소했던 것이다.

"내 목숨을 노리는 자들이 수치를 당하게 하시고, 깔깔대며 조소하는 자들이 창피를 당하여 물러가게 하소서. 그러나 주님을 찾는 사람은 누구나 주님 때문에 기뻐하고 즐거워하게 하소서"(2~4절 요약, 새번역).

억울함도, 분노도 모두 하나님 앞에 쏟아놓을 수 있기를 바란다.

늙고도 젊은 비전

시편은 '삶의 보고서'다. 그래서 늙음의 이야기도 있다. 늙음이
버림받음과 물러남의 상징인 요즘, 곳곳에서 각박한 세태를 탓하
는 말들이 들린다. 그런 각박함은 성경시대에도 마찬가지였다.

오늘 시는 그 시절 한 늙은 성도의 기도다. "그들이 나를 두고 말
하기를 '하나님도 그를 버렸다. 그를 건져 줄 사람이 없으니, 쫓아
가서 사로잡자' 합니다. 내가 이제 늙어서, 머리카락에 희끗희끗
인생의 서리가 내렸어도 하나님, 나를 버리지 마십시오…"(11, 18
절, 새번역). 이 늙은이는 자신에게 관심을 거둬 버린 시대를 탓하기
보다 새삼 하나님의 관심을 청하고 있다. 믿음의 지혜가 그런 것
아닐까.

어려서부터 시작된 하나님의 관심은 백발이 되어도 여전하고 변
치 않는다는 걸 깨닫는다면, 나이가 들어도 가슴 뛰는 젊음을 경험
할 것이다. 이렇게 하나님의 한결같은 사랑과 관심을 찬송하는 낙
으로 사는 주님의 자녀를 누가 늙었다고 멸시할 수 있을까. 특히
그가 품고 있는 젊고 성령 충만한 선교비전을 누군들 멋대로 폄하
할 수 있겠는가.

"… 주님께서 팔을 펴서 나타내 보이신 그 능력을 오고 오는 세
대에 전하렵니다"(18절, 새번역).

봄 땅의 새싹처럼

주역의 64괘 가운데 세 번째가 둔(屯)괘다. 첫 번째가 하늘을 뜻하는 건(乾)괘고, 두 번째는 땅을 가리키는 곤(坤)괘다. 천지가 이루어진 뒤를 둔(屯)괘가 이은 꼴인데, 屯(둔)은 새싹이 지표면으로 솟아 나오는 것을 형상한 글자다. 따라서 屯(둔)은 만물의 시작을 의미한다. 屯(둔) 밑에 일(日)을 붙이면 식물이 햇볕을 받아 싹을 틔움을 뜻하는데, 여기서 봄 春(춘)자가 나왔다. 봄의 으뜸 상징은 역시 새싹이란 걸 강조한 글자다. 우리말의 '봄'도 새싹을 뜻하는 '움'의 변형이란 설이 있다. 이 역시 봄이 새싹의 계절임을 표현한 말이다.

72편은 '메시아의 시'다. 그래서인가. 메시아로 인해 얻을 은덕을 기원하는 구절에서 봄의 에너지가 느껴진다. "왕이 백성에게 풀밭에 내리는 비처럼, 땅에 떨어지는 단비처럼 되게 해 주십시오. 그가 다스리는 동안, 정의가 꽃을 피우게 해주시고, 저 달이 다 닳도록 평화가 넘치게 해주십시오"(6~7절, 새번역).

남과 북에서도 평화와 정의의 나라, 곧 하나님 나라의 에너지가 봄날 새싹의 그것처럼 싱그럽게 펼쳐지면 좋겠다.

주님밖에 없습니다

시편 제 3권(73~89편) 중 아삽의 시(73~83편)들은 주로 고난과 믿음의 문제를 다룬다. 특히 73편의 시인은, 악인은 번영하고 의인은 고난받는 시절에 주님을 향한 믿음은 어떻게 고백돼야 하는가를 숙고한다. "나는… 믿음을 버리고 미끄러질 뻔했다"고 탄식하면서.

빌리 그래함 목사가 호주에 갔을 때의 얘기다. 공항에서 택시를 탄 목사는 기사에게 전도하려고 했다. 기사의 반응은, "하나님이 계신다면 세상이 이럴 수가 있습니까? 착한 이는 고통받고 악한 놈은 잘되고. 어찌 그럴 수가 있나요?"였다. 그래함 목사는 "형제님, 그것은 하나님의 책임이 아니라 우리 인간의 책임입니다"라고 했단다.

시인은 그 기사와 같은 문제의식을 가졌지만, 주님을 부인하기보다 오히려 긍정한다. 그는 이 모순을 해석하려 하지 않고, 그냥 자신의 고난으로 받아들이며 하나님을 바라보기를 택한다. "내가 주님과 함께하니, 하늘로 가더라도, 내게 주님밖에 누가 더 있겠습니까? 땅에서라도, 내가 무엇을 더 바라겠습니까?"(25절, 새번역) 인간사의 모순을 느낄수록 주님을 더욱 의지하고 신뢰하는 것, 이것이 믿음이다.

민족의 고난 앞에서

수도 예루살렘이 궤멸되고 하나님의 성전도 파괴됐다. 이 민족적인 참상을 경험하면서 시인의 생각은 '이것이 하나님의 진노인가'에 집중된다. 물리적인 힘의 차이나 실패의 원인을 분석하는 것은 그에게 그다지 중요한 일이 아닌 듯싶다. 오로지 시인은, 주님의 진노가 오래가지는 않을까 걱정한다. 그래서 탄식하고 호소하며 간절함으로 하나님을 설득하려 한다. 그는 시온이 하나님의 거처였다는 것을 기억하시라고 간구한다. 시온을 무너뜨린 짐승 같은 자들은 하나님의 도구가 될 수 없다는 항변도 한다. "주님은 옛적부터 나의 왕이시며, 이 땅에서 구원을 이루시는 분"이셨다고 고백하며, 주님의 자비와 언약에 기대어 애원하기도 한다. 어쨌든 이제 그만 일어나시어 가련한 백성을 구원하시라고 힘써 부르짖고 있다.

민족의 고난이 시인에게 신앙의 정신을 번쩍 차리도록 한 것이다. 이스라엘 신앙의 기초와 전통이 그래도 든든했구나 하는 느낌이 든다. 환난이 있기 전에 정신 차리지 못한 것은 못내 아쉽지만. 그나저나 우리는 어떤가. 민족의 어려움 앞에서 하나님께 간구하고 있는가? 지금 정신을 차리고 사는 걸까?

주님만을 선포하리라

예언자는 역사를 보면서 주님과 주님의 뜻을 깨닫고, 그걸 오늘과 내일의 세상에 선포하는 사람이다. 75편은 그런 예언자의 자리에서, 하나님이 '오만한 자들의 심판자'라고 선포한다. 스스로 힘을 쥔 듯 여기는 이들은 알아야 한다. 하나님의 주권의 위력은 우리의 생각보다 훨씬 더 절대적이어서, 악인의 뿔을 높이기도 하지만 언제든 꺾어 버릴 수도 있다는 것을 말이다. "높이 세우는 그 일은 동쪽에서나 서쪽에서 말미암지 않고, 남쪽에서 말미암지도 않는다. 오직 재판장이신 하나님만이, 이 사람을 낮추기도 하시고, 저 사람을 높이기도 하신다"(6~7절, 새번역).

주님이 "악인의 오만한 뿔은 모두 꺾어 부수고, 의인의 자랑스러운 뿔은 높이 들어 올리겠다"고 작정하시면, 반드시 그렇게 되고야 만다. 그러므로 예언자의 자리에 서 있는 교회라면, 세상의 오만한 힘들에게, 그리고 스스로에게 끊임없이 선포해야 한다. "오만하지 말아라, 오만한 뿔을 높이 들지 말아라. 목을 곧게 세우고, 거만하게 말을 하지 말아라"라고 말이다. 듣든 안 듣든, 예언자는 그 책임을 다해야 하지 않겠는가.

무릎 꿇은 사람

76편은 세상의 악한 뿔들이 힘을 더 키우려고 전쟁을 준비해도 소용이 없다는 것을 말해 준다. 하나님은 화살과 방패, 칼과 전쟁을 아예 없애 버리실 만큼 힘 있는 분이기 때문이다. 하나님이 한 번 꾸짖으시면 병거를 탄 병사나 기마병도 모두 기절하고, 힘센 왕이나 용감한 장수도 다 무덤에 내려가 아무런 힘도 쓸 수 없게 될 것이다.

그러므로 인생으로서 가장 지혜로운 길은 악을 버리고 주권자인 하나님과 화해하는 것이다. 악한 힘이 세 보여도 그것들의 편을 들지 말고, 더 센 분을 기억하고 겸손히 그분의 구원을 기다리는 것이다. 또 그분께 서원한 게 있거든 어김없이 지키는 것이다. 이렇게 하나님을 경외하며 그분께만 예배하는 자라야 진짜 용사라고 할 수 있다. '에벤에셀'의 시대에 사무엘이야말로 이스라엘의 무기였고 병거였던 것을 기억해 보라(삼상 7장 참조).

우리 시대에도 존귀한 사람 1순위는, 세상에서 높은 뿔을 다투는 자가 아니라 하나님의 주권 앞에 겸손히 무릎 꿇는 종이다. 그런 사람이 당신이고 또 나이기를 바란다. 그러면 참 평화도 올 것이라 믿기에.

인생의 밤

살다 보면 밤과 같은 날들이 찾아오기도 한다. 지척을 분간하기도 어려운 날에 우리가 할 수 있는 일은 무엇일까. 아삽은 하나님이 하신 일을 회상했고 또 힘써 기억했다고 말한다.

인생의 밤에 당신은 무엇을 하는가. 아삽처럼 해 보자. 무서움을 곱씹으며 두려움 속으로 들어가기보다 있는 힘을 다해 하나님을 회상하고 그분이 하신 일을 기억하다가 마침내 아삽처럼 찬송하는 것이다. "하나님, 주님의 길은 거룩합니다. 하나님만큼 위대하신 신이 누구입니까?"(13절, 새번역)

찬송가 379장도 그런 찬송이다. 믿음으로 부르며 아침을 기다려 보자.

내 갈 길 멀고 밤은 깊은데 빛 되신 주 / 저 본향 집을 향해 가는 길 비추소서 / 내 가는 길 다 알지 못하나 / 한 걸음씩 늘 인도하소서
이전에 나를 인도하신 주 장래에도 / 내 앞에 험산 준령 만날 때 도우소서 / 밤 지나고 저 밝은 아침에 / 기쁨으로 내 주를 만나리

역사의 주님과 함께

역사는, 사람의 눈으로 읽으면 사람 이야기지만, 예언자의 눈으로 읽으면 하나님 이야기가 된다. 역사를 통해 하나님을 보고 주님의 뜻을 헤아리는 시대는 넘어지지 않는다.

78편은 역사를 노래로 불러서 후손들에게 여호와신앙을 전승하고자 했던 이스라엘 아버지들의 노래다. 대한민국 100년, 3·1절 100돌을 지난 어버이들에게 제안하고 싶다. 아이들의 손을 잡고 역사의 현장을 찾아보라. 양화진 언덕도 꼭 한번 가 보라. 거기 묻힌 선교사들의 비문 몇 개만이라도 읽어 주며 역사를 통해 다가오신 하나님의 사랑 얘기를 해 주자. 역사를 통해 시간을 초월한 하나님의 일하심과 하나님의 섭리를 깨닫게 된다면, 앞으로 다가올 시간도 겁내지 않고 마주할 수 있을 것이다. 아무리 체념과 포기가 유행처럼 번지는 암울한 시대라 해도, 역사의 주님과 함께라면 소망을 품을 수 있다.

성경과 역사를 읽는 민족은 망하지 않는다. 역사의 주인이신 하나님과 동행하기 때문이다.

죽음 경험에서 배운다

사람들은 죽음으로부터 아무것도 배우려 하지 않는다. 오히려 죽음을 망각하고, 그것을 삶으로부터 배제하는 일이 개인의 생활뿐 아니라 사회 전반에서 일어나고 있다. 더 많은 기능과 생산과 물질의 풍요를 목적으로 하는 사회에서는 죽음이 하나의 방해물로 생각되며, 죽음을 붙들고 기념하거나 기억하려는 시도는 불온한 일처럼 매도되기도 한다. 고장으로 인하여 복잡한 도로에 서 있는 자동차처럼, 그래서 교통체증을 유발하는 도로의 장애물처럼, 죽음 같은 것들은 가능한 한 속히 제거되는 게 좋다고 여기는 것이다. 그래야 교통의 원활과 경제의 활성과 발전을 가져올 수 있다고 믿기 때문이다. 그러다 보니 죽음과 죽은 사람과 죽음의 경험들은 너무 빨리 격리되고 망각의 세계에 묻혀 버리고 만다.

그러나 죽음과 죽음 경험들, 곧 질병, 실패, 이별, 상실, 전쟁들로부터 아무것도 배우지 않는다는 것은 실로 엄청난 낭비이다. 이스라엘은 전쟁의 참화를 겪으면서 주님의 구원과 심판의 엄정함에 대해 배웠다. 겸손한 기도를 배웠다. 잘 산다는 게 무엇인지 배웠다. '오늘'이 주님의 선물임을 알았다. 그렇게 깨닫고 배웠기에 그들은 비틀거릴망정 믿음의 길을 걸었던 것이다.

포도나무의 애가

요셉, 에브라임, 베냐민, 므낫세 등의 고유명사는 모두 멸망당하고 사라져 버린 이스라엘 지파들의 이름이다. 시인은 이들이 모두 하나님이 심으신 한 그루 포도나무의 가지였다고 기억한다. 주님이 애굽에서 가져다가 가나안 땅에 심고 친히 가꾸셔서, 한때 산들을 가리고 지중해까지 뻗어 나간 큰 나무가 됐었다고 회상한다. 그런데 이제는 "불타고 베임을 당하며 주님의 분노로 말미암아 멸망"해 버렸다. 시인은 그 현실이 못내 아쉽고 아파서 눈물로 탄식하며 기도한다. "만군의 하나님, 우리에게 돌아오십시오. 하늘에서 내려다보시고, 이 포도나무를 보살펴 주십시오"(14절, 새번역).

원래 포도나무 가지의 사명은 열매를 맺는 게 아니라 나무에 붙어 있는 것이다. 붙어 있으면 열매는 저절로 맺는 법이다. 사라진 지파들은 주님 말씀대로 되었을 뿐이다. "나는 포도나무요 너희는 가지라. … 사람이 내 안에 거하지 아니하면 가지처럼 밖에 버려져 마르나니 사람들이 그것을 모아다가 불에 던져 사르느니라"(요 15:5~6).

당신도 나도 포도나무의 가지다. 그저 잘 붙어 있으면 산다.

우리의 힘도 주님뿐

"야곱"이나 "요셉"의 이름은 이 시편을 북이스라엘 왕국과 관련 지어 읽게 한다. 또한, "초하루와 보름과 명절에 나팔을 불라"(3절) 는 구절은 이 시가 초막절의 노래라는 걸 알게 한다. 그러나 우리 가 아는 북이스라엘에 관한 다른 정보에 따르면, 그들은 그렇게 하지 않았다. 그럴 만큼 신앙이 변변하지 못했다. 그래서 남유다 왕 국보다 먼저 망한 것이 아닌가.

이스라엘 남북 왕국을 향한 주님의 원래 계획은 심판이 아니라 구원이며 복이었다. 광야 시절의 구원경험을 새로운 방식으로 이어가는 것이었다. 야곱의 후예들이 출애굽을 이끄신 하나님께 믿음으로 "입을 크게 벌리면 마음껏 먹여 주시는 것"이었다. 그러므로 그들이 하나님의 백성답게 "주님의 말씀을 듣고 그 길로 따랐다면… 속히 그들의 원수를 치고 누르시는 주님의 손길을 경험했을 것"이다. 그랬다면 이스라엘은 자신들의 능력이 되신 하나님을 전심으로 찬양하며 오직 그분을 기뻐하며 살았을 것이고. 언제까지나 말이다.

우리의 신도, 힘도 오직 주님뿐이다. 우리는 과연 그렇게 선포하고 찬양하며 살고 있는가.

기대도, 희망도 그분을 향해

"언제까지 너희는 공정하지 않은 재판을 되풀이하려느냐? 언제까지 너희가 악인의 편을 들려느냐?"(2절, 새번역)

신화적인 언어로 노래하던 시절부터 부른 세상의 권력을 향한 심판가(歌)이다. 하나님께 신적인 권세를 받고 공평한 판단과 자비와 공의를 베풀어야 할 높은 이들은, 가장 높으신 심판자인 하나님께 반드시 심판을 받게 된다. 그리고 그 심판의 기준은 단순한 만큼 엄정하다.

"가난한 사람과 고아를 변호해 주고, 가련한 사람과 궁핍한 사람에게 공의를 베풀어라. 가난한 사람과 빈궁한 사람을 구해 주어라. 그들을 악인의 손에서 구해 주어라"(3~4절, 새번역).

우리 사회는 최근까지도 땅의 모든 터가 흔들리는 것 같은 변화와 혼란을 겪었다. 신적 권세를 부여받은 이들이 깨닫지 못한 채 "흑암 중에 왕래"했기 때문이다. 더 이상 "사람처럼 죽거나 넘어질" 권력을 향한 바람이나 실망을 반복하지 않는 게 좋다. 생명과 자비가 제자리를 찾도록 최고의 심판자인 하나님을 향해 부르짖어야 한다. 기대와 희망도 그분을 향해 가져야 한다.

"하나님, 일어나셔서, 이 세상을 재판하여 주십시오. 온 나라가 하나님의 것입니다"(8절, 새번역).

주님, 침묵하지 마소서!

"나의 하나님이여 그들(에돔, 모압, 그발, 암몬, 아말렉, 블레셋, 두로, 앗시리아 등)이 굴러가는 검불 같게 하시며 바람에 날리는 지푸라기 같게 하소서. 삼림을 사르는 불과 산에 붙는 불길같이 주의 광풍으로 그들을 쫓으시며 주의 폭풍으로 그들을 두렵게 하소서"(13~15절).

이스라엘 외에는 다 쫓겨나야 한다는 걸까? 시는 교리가 아니라 기도이다. 시인은 지금 '의로운 신'에 대한 교리를 가르치기보다, 주님을 멸시하는 인간들의 오만과 박해에 굴복하거나 타협하지 않으려고 '의로운 하나님'께 부르짖고 있는 것이다.

기도는 연약한 인간, 그러나 하나님을 의지한 겸손한 인간이 사용할 수 있는 최고의 무기이다. 만약 기도가 기도하는 자의 이기적인 승리와 독점적 평안만을 위한 것이라면, 이는 우상숭배인 독백에 불과할 것이다. 그러나 하나님의 정의가 실현되고 주님의 공의가 만백성에게 미칠 거라는 믿음과 소망으로 드리는 간구라면, 그 내용이 악한 세력의 무너짐을 기원하는 저주라 할지라도 주님은 들어주신다. 그러므로 기도하자. "주님, 교만한 권력을 꾸짖으시고, 부디 저들의 악한 뜻을 꺾어 주십시오."

96

본향의 쉼을 아는 사람

"나의 왕, 나의 하나님, 만군의 여호와여 주의 제단에서 참새도 제 집을 얻고 제비도 새끼 둘 보금자리를 얻었나이다"(3절).

이 말씀이 참 좋다. 참새와 제비에게도 주신 '본향의 쉼'을 내게도 누리게 하실 주님을 희망할 수 있기 때문이다. "주의 궁정에서 한 날이 다른 곳에서의 천 날보다 낫다"는 감격은 본향의 쉼을 맛본 자만이 알 수 있는 행복이다. 당신은 그 본향으로 가는 길을 알고 있는가?

스코틀랜드의 글래스고우에 '십자로'로 알려진 주요도로 교차점이 있다. 하루는 순경 한 사람이 순찰을 돌다가 집으로 가는 길을 모르겠다며 울고 있는 꼬마를 보았다. 순경은 울먹이는 꼬마의 손을 잡고 십자로로 데려갔다. 꼬마는 한참 동안 주위를 살펴보더니 소리쳤다. "아, 아저씨, 여기서부턴 길을 알아요!" 그리고 집을 향해 달려갔다.

이 꼬마에게 일어난 일이 내게도, 당신에게도 일어났다. 우리는 십자가에 이르러서야 비로소 '본향의 쉼'에 이르는 길을 찾았다. 당신도 나도 지금 그 길을 걷고 있어야 한다. "해요 방패이신" 우리 주님과 함께.

하나님을 보고 듣는 법

영성작가 켄 가이거는 이웃을 보고 듣는 법을 배울 수 있다면, 어쩌면, 정말 어쩌면, 하나님을 보고 듣는 법도 배울 수 있으리라고 생각했다. '사람'이야말로 하나님이 애정을 가지고 만드신 성스러운 것들 중에서도 가장 성스러운 존재라는 이유에서다.

고라 자손인 85편의 시인은 난민이 된 자신의 민족을 애처로워하며 기도하다가 주님의 마음을 보고 듣게 됐다. 하나님의 노여움뿐 아니라 고독함까지 알게 된 것이다. 그래서 민족을 위하던 그의 기도는 자연히 하나님을 위하는 기도로 이어지게 됐다. "주님께서 우리에게 영원히 노하시며, 대대로 노여움을 품고 계시렵니까? 주님의 백성이 주님을 기뻐하도록 우리를 되살려 주시지 않겠습니까?"(5~6절, 새번역)

시인의 희망은, 이스라엘의 주권회복 차원의 구원을 넘어선다. "사랑과 진실이 만나고, 정의는 평화와 서로 입을 맞추는" 하나님 나라 회복 차원의 구원을 바라며 간구하게 된 것이다.

우리도 주님의 사랑으로 이웃과 형제와 민족을 깊이 보고 많이 듣자. 그것이 하나님을 보고 듣는 신비한 체험으로 이어질 것을 기대하면서 말이다. 주님의 뜻과 우리의 사랑이 하나가 되는 차원으로 기도한다는 건, 아! 얼마나 벅찬 경험일까.

장한 사랑의 원형

사랑하면 사랑받고, 존경하면 존경받는다. / 섬기면 섬김을 받고, 대접하면 대접받는다. / 복되도다, 사랑하되 사랑받으려 하지 않는 사람은 / 복되도다, 존경하되 존경받으려 하지 않는 사람은 / 복되도다, 섬기되 섬김받으려 하지 않는 사람은 / 복되도다, 대접하되 대접받으려 하지 않는 사람은 / 그런 일들은 장한 일이기에 / 어리석은 자들은 미칠 수 없는 일이기에

질로 수사가 노래한 그 '장한 사랑'의 원형은 오직 주님뿐이다. 가난하고 궁핍한 기도에 아무런 대가를 기대하지 않고 은혜로만 응답하시는 주님을 이렇게 칭찬하는 건 지극히 마땅한 일이다.

"주님은 자비롭고 은혜로우신 하나님이시요, 노하기를 더디 하시며, 사랑과 진실이 그지없으신 분이십니다"(15절, 새번역). "주님, 신들 가운데 주님과 같은 신이 어디에 또 있습니까? 주님이 하신 일을 어느 신이 하겠습니까?"(8절, 새번역)

하나님을 그렇게 아는 사람이라면, 그렇다고 믿는 사람이라면 하나님의 그 사랑이 환난 날을 이겨 내는 힘이라는 것도 알게 될 것이다.

더 큰 비전을 향해

"시온을 두고 말하기를, '가장 높으신 분께서 친히 시온을 세우실 것이니, 이 사람 저 사람이 거기에서 났다'고 할 것이다"(5절, 새번역).

하나님을 주님으로 고백하는 모든 이의 신앙의 고향이 하나라는 노래다. 그곳, 시온에서 선포된 통전적 복음으로 인해 인종과 민족을 초월하여 누구나 여호와신앙을 갖는 것이 가능해졌다. 그러니 시온은 어머니 같은 구실을 한 것이다. 그리고 오늘 그런 어머니 같은 사역의 계승자는 교회, 곧 성령 안에서 하나 되어 하나님의 통전적인 선교를 수행하는 교회이다. 이제, 모든 족속을 위한 하나님의 선교는 예수님을 주님으로 믿는 모든 교회가 받들어야 할 거룩한 사명이다.

"예수께서 우리에게 더 큰 비전을 보이시고, '땅 끝까지' 가서 모든 시대와 장소에서 하나님의 정의와 자유, 평화의 증인이 되라고 성령을 권능으로 주심으로, 우리 자신의 왕국, 우리 자신의 해방, 우리 자신의 독립(행 1:6)이라는 좁은 관심에서 우리를 불러내신다." [세계교회협의회(WCC), 선교와 전도 문서 「함께 생명을 향하여」(2013, 부산)에서]

우리에겐 엄마가 있다!

엄마가 있다는 건, 아프고 외로울 때와 세상이 무서울 때 그리고 잘못을 저지르고 두려울 때조차 하소연할 대상이 있다는 것이다. 진짜 죽겠는 것일 수도 있고 어리광에 불과한 것일 수도 있지만 엄마는 따지지 않고 넉넉한 품을 열어 주신다. 그런데 다들 아는가. 우리에겐 엄마보다 더 엄마 같은 하나님이 계시다는 것을 말이다.

죽을 것 같다고, 그래서 무서워 죽겠다고 하나님께 하소연하는 헤만의 탄식을 보라. 엄마를 부르며 아프다고 투정하는, 어디 가지 마라며 어리광 부리는 아이와 닮아 있지 않은가.

"… 내 목숨은 스올의 문턱에 다다랐습니다. 나는 무덤으로 내려가는 사람과 다름이 없으며, 기력을 다 잃은 사람과 같이 되었습니다. 이 몸은 또한 죽은 자들 가운데 버림을 받아서, 무덤에 누워 있는 살해된 자와 같습니다. 나는 주님의 기억에서 사라진 자와 같으며, 주님의 손에서 끊어진 자와도 같습니다"(3~5절, 새번역).

이 고라 자손을 우리 하나님은 엄마의 품 같은 넉넉함으로 품고 위로하셨으리라. 감당하기 힘든 고독과 두려움에 싸여 있을지라도 하나님을 어머니 부르듯 부르며 찾을 수 있다는 게 얼마나 큰 위로와 소망이 되는가. 그러니 있는 게 두려움뿐이어도 감사로 살자. 우리의 남은 시간은 그저 감사하며 살자.

인자와 성실

이 긴 시편의 주제어는 '인자와 성실', 그리고 '언약'이다. '인자'
는 변하지 않는 하나님의 사랑이고, '성실'은 그 사랑을 베푸시는
하나님의 자세다. 이런 인자와 성실은 세상과 인간을 대하시는 주
님의 속성, 곧 변치 않는 하나님의 성품이기도 하다. 주님만이 영
원하시지 않는가. 주님은 이런 속성을 '언약'을 통해, 그리고 그 언
약대로 이루신 하나님 나라의 역사를 통해 계시하셨다. 그러므로
이스라엘의 역사는 "나는 너희 하나님으로 살리라"는 '모세언약'
과 "너의 위(位)를 영원히 세우리라"는 '다윗언약'을 주님이 끝끝
내 지켜 내신 이야기와 다름없다. 그 덕에 우리도 하나님의 인자와
성실을 알았고, 찬양하는 것이다.

한편, 언약이란 쌍방이 함께 성실할 때 그 의미가 극대화된다.
그래서 주님은 우리에게 인자와 성실로 언약을 붙들라고 하셨다.
그렇게 아니할 때는, 고난과 고독을 겪게 해서라도 돌이키게 하셨
다. 주님의 마음이 아파도 그리하셨다. 인자와 성실을 속성으로 가
지신 주님께는 다른 방도가 없었다. 그러니 우리는 늘 회개하며 마
음을 새롭게 해야 한다. 인자와 성실로 살도록 말이다. 다른 길은
없다.

일상의 평화를 위해

시편 중에서 유일한 모세의 기도시다. 인생의 대부분을 광야의 나그네로 살았던 모세를 생각하며 이 시를 묵상하면 뭐라고 표현하기 힘든 감동이 밀려온다.

"인생은 기껏해야 칠십 년, 근력이 좋아야 팔십 년, 그나마 거의가 고생과 슬픔에 젖은 것, 날아가듯 덧없이 사라지고 맙니다"(10절, 공동번역). "당신께서 휩쓸어 가시면 인생은 한바탕 꿈이요, 아침에 돋아나는 풀잎이옵니다"(5절, 공동번역). 언뜻 들으면 염세적인 노인의 탄식이지만, "주여, 당신은 대대손손 우리의 피난처"(1절)라는 찬양과 연결하여 들으면, 늙음과 죽음의 공포를 극복한 용사의 고백이다.

하나님 앞에 선 인생이 그저 두렵고 초라해지는 건 어쩌면 당연하다. 거룩한 절대자 앞이지 않는가. 그러나 그 하나님 앞에서 안심하게 되는 것도 당연한 일이다. 주님은 우리의 거처를 준비하시고 끝까지 기다리시는 사랑의 어버이시기 때문이다. 이 두 가지 신앙고백이 균형을 이룰 때, 우리의 일상은 건강하고 평화롭다. 모세의 온유와 겸손의 원천은 바로 이렇게 균형 잡힌 신앙이었으리라. 우리 안에도 온유와 평강이 강물같이 흐르기를 소망한다.

하나님을 아는 자의 기도

91편의 시인은 중년이었을까. 전염병에 걸릴까봐 걱정하며, 밤에 찾아오는 공포와 낮에 날아드는 화살 같은 것들을 두려워한다. 그래서 그는 기도한다. "피난처요 요새며 나의 거처이신 주님, 재앙이 와도 넘어지지 않게 나를 지켜 주소서. 거친 길도 가겠습니다. 사자나 독사가 다니는 길도 가겠습니다. 두려움에 지지 않고, 그것들을 발로 밟으며 나아갈 힘을 주소서"(2, 9절 이하 참조).

철없는 아이였다면, "평탄한 길만 가게 하소서. 사자나 독사는 만나지도 말게 하소서. 수천수만이 넘어져도 나만은 재앙을 피하게 하소서"라고 기도했을 것이다. 사실 시인도 그렇게 기도하고 싶었을지 모른다. 그러나 그는 믿음의 경륜을 쌓은 중년이다. 어느 정도 세상을 알고 자신을 안다. 그리고 무엇보다 하나님을 안다. 그래서 그는 이런 응답을 희망하며 기도하는 것이다. "그가 나를 부를 때에, 내가 응답하고, 그가 고난을 받을 때에, 내가 그와 함께 있겠다. 내가 그를 건져 주고, 그를 영화롭게 하겠다"(15절, 새번역).

우리도 주님이 주실 응답을 아는 사람들 아닌가. 그렇다면 두려움을 밟으며 거친 길도 가 보자.

늘 푸른 나무처럼

"악인들이 풀처럼 돋아나고, 사악한 자들이 꽃처럼 피어나더라
도, 그들은 영원히 멸망하고 말 것이다"(7절, 새번역). 반면 "의인은
종려나무처럼 우거지고, 레바논의 백향목처럼 높이 치솟을 것이
다"(12절, 새번역).

악인을 한때 흐드러지게 피었다가도 철 지나면 곧 말라 버리는
들꽃에 비한다면, 의인은 늘 푸른 모습으로 서 있는 나무에 비할
수 있다. 주님의 집에 뿌리를 내렸기 때문이다. 그런 의인에게 나
이는 숫자일 뿐이다. 늙어도 풍성한 진액으로 늘 푸름을 유지하기
에 언제고 많은 열매를 맺음직하다. 아침마다 이런 확신으로 주님
을 찬양하는 인생은 얼마나 행복할까.

문득 시편 1편이 떠오른다. 주님이 인정하시는 행복한 의인은
"주님의 말씀을 밤낮으로 묵상하는 자"다. 그는 "시냇가에 심은 나
무처럼 늘 푸르고 때가 되면 열매를 맺으며 언제나 형통하다." 그
러니 "악인의 꾀를 따르거나 죄인의 길에서 방황하거나 오만한 자
들과 당을 지을 필요가 없다"(시 1:1~3). 그저 늘 희망을 품고 살면
서 '기쁘고 행복하다'고 노래하면 된다. 많은 돈을 품고도 불안한
악인은 꿈도 못 꿀 그런 삶을 알게 됐으니, 얼마나 다행인가.

주님이 다스리신다!

93편뿐 아니라 97편이나 99편의 시들은 "야웨 말라크"라는 같은 문장으로 시작한다. "여호와가 다스리신다!" 또는 "여호와는 왕이시다!"라는 뜻이다. 구약학자들은 이런 시가 신년잔치 때 노래로 불렸다고 말한다. 해마다 이렇게 노래하면서, "나는 너희의 하나님이고 너희는 내 백성이다"(출 6:7)라고 선포하신 주님의 언약을 확증했던 것이리라.

당신도 그렇게 믿는가. 내 나라, 내 세계가 흔들리고 부서질 때도 하나님이 다스리시는 나라는 견고하다고 믿는가. 여러 어려움이 폭풍우처럼 몰아쳐서 두려운 날에도, 거대한 파도나 세찬 바람보다 더 높이 계신 주님이 보호하셔서 의인은 결코 망하지 않는다고 믿는가. 악한 자들의 괴롭힘과 유혹이 이어지는 날에도, 주께 피하는 자들을 주님은 반드시 지키신다는 것을 확신하는가. 꼭 새해 아침이 아니면 어떤가. 오늘 아침도 외쳐 보자. 아니 매일 아침 소리쳐 보자.

"여호와가 다스리신다!", "나는 여호와의 백성이다!"

비록 당신의 오늘이 아프고 외롭다 할지라도 이렇게 외치며 가슴을 펴고 나서면, 희망으로 충만하고 부활의 능력으로 가득한 인생 여정을 소망할 수 있을 것이다.

주님이 복수하신다!

"내 속에 근심이 많다"고 시인은 탄식한다. "근심"으로 번역된 '사아프'는 걱정과 염려로 마음이 헛갈린 상태를 나타낸다. 이런 '근심'은 시인의 때나 우리의 때나 고통의 원인이 된다. 그렇다면 시인을 근심하게 하는 자들은 누구일까. 교만하고 악한 자와 악을 행하는 자들이다. 그들은 오만하게 지껄이며 주님의 백성을 짓밟고 괴롭힌다. 고아나 과부나 나그네에게 무자비하다. 주님의 능력을 깔보기에 법을 빙자하여 재난을 꾸밀 만큼 사악하다. 이들로 인해, 믿음과 사랑과 정직으로 살고자 하는 의인은 근심이 많았다.

그러나 근심이 많다는 것이 의롭고 정직한 삶을 포기하는 핑계가 될 수는 없었다. 복수하시는 주님이 모든 악한 자와 악한 행위를 정확히 보고 듣고 계시기에, 너무 억울해할 필요도 없었다. 시인은 그저 주님이 "그들의 죄를 그들에게 물으시며, 그 악함을 벌하셔서, 그들을 없애 버리실 것"을 믿으면 됐기 때문이다. 이런 확신이 있기에 시인은 근심을 딛고 기쁨의 반석 위에 서서 찬양하며 기도하는 것이다. "복수하시는 주님 일어나시어, 저들에게 마땅한 벌을 내리소서!" 갚아 주시는 하나님을 기억할 때, 근심을 딛고 일어설 수 있다.

오라, 우리가 예배하자

    과수 농사를 하시던 외할머니는 주일에 일할 유혹이 생기지 않도록 토요일 저녁에 모든 일을 애써 끝내셨단다. 그리고 밤늦게까지 가족들의 '예배빔'과 헌금할 지폐까지 숯다리미로 다리신 후에야 주무셨단다. 주일에는 오로지 예배하고, 심방하고, 말씀 읽는 일만 하셨고…. 어머니는 그런 할머니의 예배 자세를 얘기해 주시면서, "우리는 아직도 멀었다"고 되뇌곤 하셨다.

    예배는 신인(神人)이 만나는 거룩하고 복된 사건이다. 귀한 일인 만큼 준비하는 마음이나 자세도 구별돼야 한다. 95편이 전하는 예배의 본질 두 가지를 주목하자. 첫째는 '찬양'이다. 찬양은 인간이 주님을 지극히 '높이며 칭찬하는' 행위로서 '예배하다'의 핵심가치다. 둘째는 '경배'다. 히브리 동사 '경배하다'는 '허리를 굽혀 이마를 땅에 대다'라는 뜻이다. 나를 최대한 낮추어 주님을 높이는 것이 곧 '예배 자세'인 것이다. 하루만이라도 이런 자세로 이런 가치를 지키며 살아 보자. 또한 사람들의 시선을 끌거나 스스로 흡족한 행위보다, 오직 겸손함으로 주님께 들으며 주님만을 기뻐하는 공동체의 일상을 위해 애써 보자. 바른 예배는 그렇게 이루어진다.

새 노래로 찬양하라

봄부터 가을까지 산과 들에 지천으로 깔리는 '쇠뜨기'는 그 새싹 안에 원자폭탄보다 더 강한 에너지를 지녔다고 한다. 승용차의 무게를 받치고 있는 타이어 압력이 2기압인데 쇠뜨기 새싹의 팽창 압력은 수십 기압에 이르러 아스팔트까지 뚫고 나온다니 놀랍지 않은가. 상상을 뛰어넘는 무서운 힘이다. 다른 식물들 역시 쇠뜨기 보다는 못해도 엄청난 에너지를 발산하며 지각을 뚫고 나온다. 생명의 힘이며, 살아 있음의 복이다.

식물이 이럴진대 사람이라고 그런 힘이 없겠는가. 겨우내 어느 서랍엔가 쑤셔 넣은 채 방치했던 찬양과 희망의 에너지를 찾아보자. 따사로운 햇볕과 땅을 적시는 봄비에 어울릴 법한 바람은, 그런 에너지를 끄집어내어 인생과 믿음농사를 쇄신하라 하지 않던 가. 봄의 때가 후딱 가기 전에, 들의 '쇠뜨기'들과 숲 속의 나무들과 함께 푸른 찬양으로 어서 주님을 영접하자.

"주님이 오실 것이니, 주님께서 땅을 심판하러 오실 것이니, 숲 속의 나무들도 주님 앞에서 즐거이 노래할 것이다. 주님은 정의로 세상을 심판하시며, 그의 진실하심으로 뭇 백성을 다스리실 것이다"(13절, 새번역).

우리 왕, 우리 주님

주님이 다스리시는 나라는 자본의 힘이나 권력의 힘 또는 군대의 힘으로 유지되는 세계가 아니다. "정의와 공평"으로 통치의 기초를 이룬 세계다. 그러므로 어쭙잖은 통치 행위로 가난한 백성의 불평과 원망을 사는 일 따위는 일어나지 않는다. 오히려 주님의 다스림은 가진 자와 못 가진 자, 높은 자와 낮은 자 모두가 공정한 인권과 자유를 보장받고 누릴 수 있는 그런 나라를 만든다. 거기엔 특권층이나 소외층 같은 불편한 계층 구분이나 차별이 존재하지 않는다. 그저 모두 다 함께 즐겁게 섬기며 살 수 있는 세계, 그런 나라가 바로 하나님 나라이다.

그렇다면 과연 누가 그 나라의 백성으로 살 수 있을까. 왕이신 "주님을 사랑하는 사람들과 악을 미워하는 백성들"이다. "마음이 정직한 사람들"이다. "주님을 기뻐하는 의인"과 "주님의 거룩하신 이름에 감사드리는 자"들이다. "주님은 그런 성도를 지켜 주시며, 그들을 악인들의 손에서 건져" 주신다. 그뿐인가, 그런 백성에게 주님의 다스림은 "빛이 되고 즐거움의 샘"이 된다. 하나님 나라 만세, 왕이신 주님 만만세다!

평화염원 100주년에*

"새 노래로 주님께 찬송하여라. 주님은 기적을 일으키는 분이시다 …"(1절, 새번역).

시인이 새 노래를 부르자고 하는 이유는 바벨론 포로 70년 만에 해방시켜 주겠다던 주님의 약속이 이뤄졌기 때문이다. 당신도 왕이신 하나님께서 이루실 평화통일의 기적을 바라보는가. 분단 75년을 마감할 날을 소망하는가. 임시정부가 대한민국을 선포한 지 100년 만에, "온 땅이, 함성을 터뜨리며, 즐거운 노래로 찬양"할 일을 이루어 달라고 왕이신 주님께 간절히 기도하고 있는가. 그렇다면 이해인 수녀가 "남과 북의 한겨레가"에서 노래했듯이, "해 아래 가슴이 타는 한 그루 해바라기"처럼 서서 주님을 더욱 간절히 불러야 하리라. "그리움조차 감춰두고, 오랜 나날 헤어져 산 남과 북의 한겨레가, 같은 땅을 딛고 같은 하늘 우러르며, 하나 된 나라에서 살게 하소서"라고 부르짖어야 하리라. 그리고 찬양해야 하리라. "주님께서 오신다"고, "정의로 세상을 심판하시며, 뭇 백성을 공정하게 다스리실 것"이라고 있는 힘을 다해 찬양해야 하리라. 평화와 통일은 주님이 베푸시는 기적처럼 찾아올 것이기 때문이다.

---

* 2019년 3·1운동 백주년 묵상

거룩하신 주님

"왕이신 우리 주님은 거룩하시다!"(3, 5, 9절)

'거룩하다'는 말의 뜻은 '다르다', '구별되다'이다. 여호와는 온 세상을 다스리시는 왕이다. 시온에 계시지만 이스라엘 민족만의 신이 아니라 온 세상 만백성을 위하는 통치자시다. 그래서 다른 왕들과 구별된다. 주님의 통치의 기초는 공평에 있고 통치의 능력은 정의를 사랑하는 데 있다. 이 또한 주님의 다스림이 거룩한 이유이다. 그러나 무엇보다 거룩한 다름은 주님의 '선택'에서 드러난다.

주님은 당신의 거룩함을 증언할 백성으로 야곱을 택하셨다. 신앙적으로 산 듯해도 지극히 세속적이던 야곱은 주님을 이겨 먹고도 죽지 않은(창 32:28), 그래서 주님의 선택의 거룩함을 드러내는 존재다. 한편, 모세와 아론은 주님 앞에서 신을 벗는(출 3:5) 순종으로 제사장 나라의 거룩한 비전을 드러냈다. 이들로부터 시작된 이스라엘의 역사가 단순한 세속사가 아니라 거룩한 구속사라는 걸 뚜렷하게 증언한 이는 바로 사무엘이다. 이들 모두 '내 나라'가 아닌 '하나님 나라'를 추구하면서 그 나라의 거룩함을 예배하며 살았다. 하나님을 온 세상의 통치자로 믿는다면, 우리도 마땅히 그래야 한다.

울며 기뻐할 거룩한 은혜

예배는 주님의 백성이 누리는 특권이며 은혜다. 그러므로 예배의 본질은 기쁨과 찬양이다.

"온 땅아, 주님께 환호성을 올려라. 기쁨으로 주님을 섬기고, 환호성을 올리면서, 그 앞으로 나아가거라"(1~2절, 새번역). "주님은 선하시며, 그의 인자하심 영원하다. 그의 성실하심 대대에 미친다"(5절, 새번역).

그러나 종종 우리의 일상은 기쁨보다는 근심과 두려움으로 점철되곤 한다. 인생은 문제의 연속이기 때문이다. 그러나 그럼에도 불구하고 우리는 주님 앞에 나아가면서 기억해야 한다. 우리가 하나님의 백성이며, 그래서 온 땅의 주권자이신 주님의 보호와 양육의 은혜를 누리고 있다는 것을. 그러면 우리는 다시 기뻐할 수 있다. 주님을 예배하는 거룩한 특권을 깨닫고 다시 감사의 노래를 부를 수 있다. 사실 우리는 안다. 우리의 예배가 그 질과 양을 따지면 부족하기 짝이 없다는 걸 말이다. 우리의 실상은 가인과 같을 뿐인데, 주님이 인자와 자비로 우리를 아벨처럼 받아 주시는 것이다. 그러므로 예배는 울며 기뻐할 거룩한 은혜, 평생의 특권이다. 우리가 이런 예배의 기쁨 외에 무엇을 더 구하겠는가. 주님의 자비가 이토록 사무치는데….

우두머리의 영성

"주님, 주님의 사랑과 정의를 노래하렵니다…"(1절, 새번역). "구부러진 생각을 멀리하고, 악한 일에는 함께 하지 않겠습니다"(4절, 새번역).

이 시는 왕의 기도시다. "이스라엘의 노래하는 자"로 살고자 했던 왕 다윗의 기도라고 이해하니 더 감동이 된다(삼하 23:1 이하 참조). 자신을 왕으로 세우신 주님의 뜻대로 인자와 정의를 노래하는 시대를 만들고자 했던 왕 다윗. 그가 추구했던 믿음관과 통치관을 이 시는 보여 주고 있다.

신앙인으로 공직에 나서거나 신앙공동체에서 임직할 때, 이 시로 취임선서문과 임직기도문을 삼는 건 어떨까 싶다. 아첨하는 자와 충성된 자를 분별하여 친소(親疏)를 결정하겠다는 다짐 같은 건, 모든 우두머리에게 필수적인 자질이기 때문이다. 우리가 우두머리가 아니면 또 어떤가. "왕 같은 제사장"(벧전 2:9)으로 세움 받았고, 진짜 왕이신 주님을 찬양하는 소명도 받은 존재가 아닌가(사 43:21). 그렇다면 우리의 삶과 생각도 인자하고 정의로워야 마땅하다. 또한 그렇게 살겠다고 다짐하며 날마다 기도해야 한다. 그게 진정 우두머리다운 영성이고 신앙이다.

수용, 용기, 지혜

인생을 광야나 고통으로 느끼며 살다가도, 나이를 먹으면 그나마 세상은 덧없고 인생은 무상하다고들 한다. 그래서일까. 시인은 "중년에 나를 데려가지 마옵소서"라고 기도한다. 그가 얻은 응답은 불로장생이었을까? 아니다. 그보다 좋은 '믿음의 시선'과 '찬양의 여유'였다.

"하늘과 땅은 모두 사라지더라도, 주님만은 그대로 계십니다. 그것들은 모두 옷처럼 낡겠지만, 주님은 옷을 갈아입듯이 그것들을 바꾸실 것이니, 그것들은 다만, 지나가 버리는 것일 뿐입니다"(26절, 새번역). 이 찬양의 기도를 풀어쓰면, 신학자 라인홀드 니버의 기도와 같지 않을까.

"하나님, 제가 변경할 수 없는 일들을 받아들일 수 있는 마음의 평온함을, 제가 변경할 수 있는 일들을 변경하는 용기를, 그리고 그 둘의 차이점을 분별하는 지혜를 제게 허락하소서. 한 번에 하루만 살게 하소서. 한 번에 한 순간만 즐기게 하소서. 역경을 평화의 통로로 받아들이게 하소서. 당신께서 그러하셨듯이 이 죄 많은 세상을 제가 원하는 식으로가 아니라 그 모습 그대로 받아들이게 하소서. 당신께서 만사를 바르게 하실 것임을 신뢰하게 하소서…."

젊음이 독수리처럼

"내 영혼아, 주님을 찬송하여라!"로 시작하고 끝나는 이 시는 주님께 제물로 바쳐진 아주 실한 '황소 한 마리'다(시 69편 참조). 마치 주님을 찬양하려면 이 정도는 해야 한다고 말하는 것 같기도 하다. 찬송의 주제는 '새롭게 얻은 건강과 젊음', '주님의 의로운 통치', '천사들도 찬양해야 할 주님의 주권' 등 다양하다. 그런데 놀랍고 부러운 건 찬양하는 동안 주님을 '내 젊음을 독수리처럼 새롭게 하는 분'으로 만난 체험이다. 찬양하는 자들이 누리는 큰 은혜 아닌가.

어느 교회의 찬양예배에 참석했다가 남녀노소 할 것 없이 모두 기뻐 뛰며 찬양하는 광경을 보았다. 민망해서 얼쯤했지만 '젊음이 독수리같이 새로워지는' 기쁨이 뭔지는 알 듯싶었다. 그 후로 예배 때 찬양을 할 때마다 청춘의 새로움을 사모하게 됐다.

당신도 마음껏 찬양할 때 젊음이 독수리처럼 새로워지는 체험을 아는가. "인생은 그 날이 풀과 같으며 그 영화가 들의 꽃과 같도다"(15절). 젊음도 마찬가지이다. 그러나 주님을 찬양하는 사람에게는 지속적인 젊음의 기쁨이 있다. 찬양으로 늙음을 벗어 버리고 독수리처럼 비상하는 젊음을 누리자.

주님의 교실에서

모방의 능력과 지식은 인간의 교실에서 얻을 수 있다. 그러나 창조의 지혜와 사랑의 능력은 하나님의 교실에서만 얻을 수 있다. 모방의 역사가 경쟁을 부르는 반면, 창조와 사랑의 역사는 치유와 생명을 낳는다. 그대로의 자연이나 주님이 다스리시는 가정과 교회는 하나님의 교실이다. 부모나 공동체 리더는, 주님이 다음세대를 위해 세우신 창조와 사랑의 조교들이다.

인도의 독립운동가이자 교육혁명가로 불리는 비노바 바베는, 자신은 학교교육이 아닌 어머니께 받은 감화로 성장했다고 말한다. 한번은 체격이 건장한 거지에게 어머니가 적선을 하자, 비노바는 "그런 건 게으름만 키워 줘서 그에게도 좋지 않아요"라고 불평했단다. 그때 그의 어머니의 대답은 이랬다. "아들아, 우리가 뭔데 누가 받을 사람인지 아닌지를 판단한단 말이냐. 내 집 문전에 선 사람이면 그가 누구든 다 신처럼 받들고 힘닿는 대로 베푸는 거란다."

이런 게 주님의 교실에서의 배움이다. 이 같은 창조의 지혜와 사랑의 능력을 배우고 깨달으며 자라는 자녀들은 복이 있다. 그런데 우리 아이들은 너무 긴 시간을 '인간의 교실'에만 갇혀 지내는 건 아닐까.

역사를 통한 계시

시편에는 세 개의 역사시가 있다. 78, 105, 106편이다. 그중 105편은 하나님의 '기이한 일'들을 열거하면서 "그의 거룩한 이름을 자랑하라"고 권한다. 그 일들은 이스라엘을 위해 행하신 주님의 '표징'과 '기사'이기 때문이다. 시인이 역사를 노래하는 이유도 바로 이것, 곧 주님의 이름을 자랑하기 위해서다. 그에게 역사는 '인간이 무엇을 했는지'의 이야기가 아니라 '주님이 당신의 거룩한 이름을 걸고 무엇을 하셨는지'에 관한 이야기였다. 그래서 시인은, "주님께서 이루신 놀라운 일을 기억하여라. 그 이적을 기억하고, 내리신 판단을 생각하라"고 외친다(6절).

그렇다. 가나안 땅을 자기 백성 이스라엘에게 주신 분은 주님이다. 요셉의 고난을 통해 그 백성을 구원하신 분도 주님이다. 모세와 아론을 앞세워 애굽과 싸우면서 출애굽을 이루신 분도 주님이다. 그 위대하신 주님이 우리 하나님이란 사실을 깨닫는다면, 누구든 그 거룩한 이름을 높이는 걸 마땅하다 여기지 않겠는가. 또한 자신의 가정과 일터가 그 '마땅한 일'을 위한 선교지라는 걸 인정하지 않을 수 있겠는가. 그게 믿음이다. 오직 믿음으로 살자.

회개가 농담이 아니려면

"하나님은 나의 목자"라고 고백하며 따라야 했던 이스라엘이 풍요와 쾌락의 신인 바알을 숭배하며 좇았을 때, 그들이 만난 건 결국 심판과 패망이었다. 성경의 교훈이 이렇게 명확해도 오늘의 새 이스라엘 역시 하나님보다 바알의 메시지에 더 귀를 기울이며 산다. 참 놀랍고 대단한 일이다.

오늘의 바알은 대중매체 속에 웅크리고 있다. 그놈의 메시지는 그래서 매일 넘쳐난다. '본능에 충실해라' '재미있으면 좋은 거다' '예쁘면 다 용서된다' '좋아하면 뭐든 해라' '돈이건 권력이건 갖고 보자' '실연과 고민은 술과 약으로 달래라' '사랑은 꼬일수록 매력적이다' 등. 대중매체를 통해 바알은 이미 우리의 목자로 군림했다. 그러나 그놈은 우상이다. 샀꾼이다. 거짓 목자다. 자기 메시지를 따라 엇나간 이들을 결코 책임지지 않는다. 구원하지도 못한다.

이제 믿음은 "우리도 조상들처럼 죄를 지었고, 나쁜 길을 걸으며 악행을 저질렀다"라고 자백하는 일과 다르지 않다. 자신의 죄책을 바알에게 떠넘기지 않고 빗나간 죄의 책임이 내게 있다고 자백하는 게 진짜 회개의 시작이다. 성실한 죄책고백이 없는 회개는 불쾌한 농담일 뿐이다.

살아 있으면 기도하라

시편집의 제5권은 "여호와께 감사하라"(107:1)로 시작하고, "호흡이 있는 자마다 여호와를 찬양하라"(150:6)로 마친다. 믿음으로 사는 것은 이렇듯 매 순간 감사와 찬양으로 하나님을 향하는 것이다. 특히, 107편의 시인은 고통의 현장에서 부르짖음을 통해 주님의 구원을 체험했노라고 노래한다. 열거된 고통의 현장들은 한 사람의 체험이기보다는 민족과 공동체의 역사적 체험일 것이다.

시인이 돌아본 이스라엘의 지난날은 나그네의 근심, 옥에 갇힌 환란, 죽을병의 고통 그리고 풍랑 이는 바다를 항해하는 괴로움 같은 것들과 그 흔적뿐이다. 그러나 그 고통의 자리는 멸망으로 이어지지 않았다. 기도와 구원의 경험을 통해 오히려 신앙을 단련하는 자리가 됐다. 시인은 그 은혜를 깨닫고 감사와 찬송을 이중 후렴구에 담아 노래한다. "그들이 고난 가운데서 주님께 부르짖을 때에, 주님은 그들을 그 고통에서 건지셨다"(6, 13, 19, 28절). "주님의 인자하심을 감사하라. 사람들에게 베푸신 주님의 놀라운 구원을 감사하라"(8, 15, 21, 31절).

고난 없는 인생은 없다. 어쩌면 지금, 인생의 큰 파도를 맞고 있거나 끝이 보이지 않는 터널 속을 걷고 있을 수도 있다. 기도하자. 기적은 있다.

마음을 정하다

다윗은 어려서부터 노래와 악기에 능통했던 사람이다. 사울 왕이 악령에 시달릴 때 다윗이 '기타(수금)를 치면서 노래하면' 악령이 물러가고 왕이 평안을 찾았다는 기록도 있다(삼상 16:23). 그런 다윗이기에, 왕이 된 후 4천 명의 레위인으로 찬양대를 만든 일은, 대단하다 싶으면서도 당연하게 여겨지는 행동이었다(대상 25:1 이후). 오해는 말자. 왕 다윗이 찬양대의 찬양을 마치 자신이 신(神)인 듯 감상했다는 게 아니다. 오히려 다윗은 자신을 "이스라엘의 노래 잘하는 자"로 일컬으며 유언을 남겼을 만큼(삼하 23:1) 찬양을 사명으로 여기고 살았다. 그는 위대한 왕이나 힘센 군주보다 찬양하는 사람으로 기억되길 원했던 것이다.

57편 7~10절과 60편 5~12절이 합쳐져 있는 108편은 그런 다윗의 마음가짐을 잘 드러낸다. "하나님이여 내 마음을 정하였사오니 내가 노래하며 나의 마음을 다하여 찬양하리로다"(1절). "하나님이여 주는 하늘 위에 높이 들리시며 주의 영광이 온 땅에서 높임 받으시기를 원하나이다"(5절).

당신은 어떤 사람으로 주님과 자녀, 또 친구들에게 기억되기를 원하는가.

어쨌든 기도하는 용기

    사람이 진정 용감해질 때는 언제일까. 하나님을 진심으로 의지할 때가 아닐까. '용감한 다윗'에게도 늘 필요했던 것은 하나님을 의지하고 기도하는 믿음이었다. 비록 사랑의 배신을 당하고, 사랑과 선으로 대한 자들에게 저주를 받기도 했지만, 다윗은 하나님께 기도하면서 그 한을 풀어냈다. 그러다 보니 그의 기도는 고자질과 저주처럼 돼 버렸다. 저주도 기도인가 싶겠지만, 이 또한 주님을 신뢰하는 믿음에서 비롯된 용기이기에, 기도가 맞다. 그렇다. 고발과 저주의 탄원으로라도 주님께 기도하는 것은 분명 믿음이고 용기다. 원한을 갚겠다고 무기를 들어 보복하거나 배반당한 한에 사무쳐 스스로 망가지는 것은 오히려 비겁한 행동이며 믿음 없는 짓이다.

    그나저나 주님도 참 대단하시다. 기도의 표현과 형식을 따지기보다 기도자의 믿음과 용기를 헤아리시고, 그의 신음소리까지 다 들어 주시니 말이다. 이제 상처 입은 우리에게도 필요한 것은 어쨌든 기도하는 용기이다. "가난한 사람의 오른편에 서신" 구원자 하나님을 신뢰하는 믿음을 가졌다면 말이다.

새벽이슬 같은 젊음

　지혜로운 통치자가 나타나 하나님의 주권을 선포하고 그분의 뜻을 이 땅에 펼친다면, 그리고 많은 젊은이들이 그런 지도자에게 아침이슬처럼 몰려온다면, 아, 그 나라와 그 시대는 저절로 하나님의 나라일 것이다.

　새벽이슬의 이미지는 청춘이고 생명력이다. 팔레스타인의 대낮의 햇볕이 아무리 불볕이라 해도, 새벽에 대지를 흠뻑 적신 이슬로 인해 그 땅의 식물은 자라고 열매를 맺는다. 이 나라의 젊은이는 이 나라의 오늘을 적셔 내일을 키울 새벽이슬이다. 그 청춘들이 오직 구주이신 그리스도 예수를 닮은 지도자를 만나 그를 통해 메시아의 통치를 배우고 누린다면, 그리하여 새벽이슬처럼 이 땅에 복이 된다면 얼마나 좋을까. 현실이 암울하다지만, 예수를 기뻐하는 젊은이들이 교회와 역사의 아침을 소생케 하는 내일이 속히 오는 꿈을 꾼다.

　〈기독교환경운동연대〉에서 펴낸 달력을 보고 적어 뒀던 글귀 하나를 나눈다.

　"이슬은 작다. 그러나 맑고, 둥글둥글 모나지 않다. 짧은 삶이지만, 존재하는 동안 가장 아름답게 빛나는 삶을 산다. 이슬이 하늘의 보물인 까닭이다."

주님의 크신 은혜는

"그의 기적을 사람이 기억하게 하셨으니 여호와는 은혜로우시고 자비로우시도다"(4절).

은혜는 어느 날 갑자기 하늘에서 뚝 떨어지지 않는다. 은혜는 간절히 바라는 자들의 기대와 순종의 행동을 통해 다가온다. 홍해를 가르신 하나님의 크신 일을 기억했던 여호수아와 갈렙은 광야 길도 순종했고 가나안 거민들과의 싸움에도 앞장섰다. 간절히 은혜를 바랐기 때문에 그럴 수 있었다. 그리고 그들은 그들의 믿음대로 은혜를 만났다. 그러나 스스로를 메뚜기 콤플렉스에 가두었던 사람들은, 하나님을 원망하고 불평하다가 광야에서 죽어 갔다. 공평한 결과였다.

우리도 가난이나 열악한 환경 또는 약한 믿음을 탓하며 종종 절망한다. 간절히 믿고 바라는 비전도 없이, 그저 경험했거나 계산할 수 있는 만큼만 기대한다. 이런 걸 '겸손'으로 아는 건 오해다. 오히려 '교만'이다. 자신의 경험과 약함에만 머물러 버티는 콤플렉스도 교만의 다른 얼굴이다. 하나님이 기대하시는 겸손은 하나님의 크심을 바라보고 간절히 희망하는 것이다. 그리고 크신 일을 이루실 하나님을 향해 믿음으로 행동하는 것이다. 기적의 은혜는 그때 임한다.

사는 게 행복할 수 있다

넘치는 풍요 속에서도 늘 불평하며 추하게 사는 이들이 많다. 시기받을 만큼 누리면서도 불행하다고 한숨짓는 이들도 많다. 사랑을 모르기 때문이다. 사랑할 줄도 모르고 사랑받을 줄도 모르면 그렇게 된다. 그런 이들은 하나님의 은혜도 알지 못한다. 그러니 감사도 알 수 없고 청지기의 소명도 알지 못한다. 역사적 소명 같은 건 더군다나 알 턱이 없다. 그들이 쾌락을 말할 수는 있겠지만 행복까지 말하는 것은 언어적 유희이고 사치에 지나지 않는다.

누가 행복을 말할 수 있고 인생의 기쁨을 노래할 수 있을까. 하나님의 은혜로 사는 자다. 그는 남들과 비교해서 자신의 소유와 지위가 우위인지 아닌지 여부와 상관없이 행복하다. 하나님의 은혜로 인해 늘 충만하고 기쁘기 때문이다. 또한 받은 은혜를 사랑과 나눔으로 증언하며 사는 걸 사명과 명예로 알기 때문이다. 그런 사람으로 인해 주님은 찬송과 영광을 받으신다.

"은혜를 베풀면서 남에게 꾸어 주는 사람은 모든 일이 잘될 것이다. 그런 사람은 일을 공평하게 처리하는 사람이다. 그런 사람은 영원히 흔들리지 않을 것이다. 의로운 사람은 영원히 기억된다"(5~6절, 새번역).

당신도 사는 게 행복할 수 있다. 그 길을 찾고, 그 길로 가자.

주님의 종들아, 찬양하라!

대입 재수를 할 때, 고등부 1년 후배와 함께 종종 담임목사님을 찾아갔다. 예배 때 특별찬양을 하게 해 달라고 조르기 위해서였다. 내 생애에 하나님을 찬양하고픈 간절함으로 충만하기가 그만한 때가 없었다. 뭐가 그리 벅차서 찬양하고 싶었을까. 돌아보면 별다른 이유는 없었지 싶다. 그저 감사했고 그냥 충만했다. 113편의 노래꾼들이 그랬던 것처럼 말이다.

"할렐루야. 주님의 종들아, 찬양하여라. 주님의 이름을 찬양하여라. 지금부터 영원까지, … 해 뜨는 데서부터 해 지는 데까지, 주님의 이름이 찬양을 받을 것이다"(1~3절, 새번역).

하나님을 찬양하는 데 큰 이유나 별 까닭이 필요할까. 주님은 세상 어디서나 언제든지 찬양받으실 만하고, 주님이 지으신 백성인 우리 또한 언제 어디서든 찬양할 만하지 않은가. 굳이 이유를 찾아 찬양하는 것은 사족을 찾는 일에 불과하다.

정기적으로 방문하는 노숙인 급식 단체의 예배시간에 찬양대가 생겼다. 권사님 한 분이 지휘를 맡으시고 다른 몇 분이 함께 하지만, 대원의 대부분은 노숙인들이다. 그들의 찬양 그 자체만으로도 감동이 된다. 그들의 찬양할 이유이자 하나님이 찬양을 받으실 이유인 '그냥'이 오래 지속되길, 이왕이면 영원하기를 소망한다.

평화 한반도의 소명

'대국민 고민상담'을 표방하는 TV 프로그램에, 9년 동안 서로 말을 안 하고 살아 온 형제가 나온 적이 있다. 동생이 군대 갈 날이 임박해지자 마지막 기회를 살리고 싶다며 형이 사연을 보낸 것이었다. 형제들은 뭐가 서운했고 뭐가 상처가 됐는지 얘기를 풀어놓다가, 서로에게 미안한 건 "미안하다" 말하고, 서로 받아 주며 포옹하고 그러더니 덜컥 화해가 되었다. 9년 동안 못 하던 그 일을 형제라는, 그리고 형이라는 소명감이 하게 한 것이다. 화해의 의지를 북돋우며 기회를 만든 주변의 노력도 물론 소중했지만 말이다.

이제 다시 유다는 "주님의 성소"라는 정체성을 고백한다. 이스라엘이 "주님의 영토"라면, 자신들은 그 온 영토를 복되게 하려고 주님께 바쳐진 존재, 곧 희생물이었다는 깨달음이다. 다윗과 함께 통일왕국을 이루던 때에, 유다 지파는 기득권을 주장하기보다 이런 소명감으로 민족통합에 이바지했다. 오랜 시간이 흘러 난민으로 사는 동안 유다는 새삼 소명감을 회복하게 된 것이다. 수난의 약효일까, 회개의 열매일까. 이 땅에도 분단기의 약효가 나타나기를 기대해 본다.

죽음을 이기는 사랑

"주님을 경외하는 사람들아, 주님을 의지하여라. 주님은, 도움이 되어 주시고, 방패가 되어 주신다"(11절, 새번역).

하나님의 구원의 능력은 어디서 올까? 우상들이 흉내 낼 수 없는 그 능력은 사랑에서 온다. 주님의 사랑을 꺾을 수 있는 힘은 세상에 없다.

탈무드는 세상에 강한 것이 열두 가지가 있다고 전한다. 먼저 돌이다. 그런데 돌은 쇠에 의해 깎인다. 쇠는 불에 녹고, 불은 물에 의해 꺼진다. 물은 구름에 흡수되고, 구름은 바람에 날린다. 그 바람을 견디는 것이 인간이지만, 인간도 번민에 의해 어이없게 파괴된다. 번민은 술을 마시면 사라지고, 술은 잠을 자면 깬다. 그러나 잠은 죽음만큼 강하지 않다. 그리고 그 죽음을 이겨 내는 것이 바로 사랑이다. 그러므로 사랑보다 더 큰 능력은 없다는 것이다.

그 사랑을 값없이 받고 사는 우리가 이 아침, 어찌 찬양하지 않을 수 있을까.

"주님, 영광을 우리에게 돌리지 마십시오. 우리에게 돌리지 마시고, 오직 주님의 이름에만 영광을 돌리십시오. 그 영광은 다만 주님의 인자하심과 진실하심에 돌려주십시오"(1절, 새번역).

기도하려는 의지

'기도가 안 된다'거나 '기도 줄이 잡히지 않는다'고 푸념하는 이들이 있다. 그러나 성경의 기도자들은 자신의 기도의 토대를 감정에 두지 않고 의지에 두었다는 것을 유념할 필요가 있다. 116편의 시인도 "주님이 그의 귀를 내게 기울이셨으므로 내가 평생에 기도하겠습니다"라고 다짐하지 않는가. 그의 다짐의 뿌리는 '믿겠다!'는 의지이다. 그래서 "인생이 왜 이렇게 고통스럽나" 싶을 때에도, 그의 믿음은 흔들리지 않았던 것이다.

짐 그래함이 『기도』라는 책에서 말하듯이 기도와 의지의 관계는 결혼에 빗대어 이해할 수 있다. 남녀가 결혼하기 전에는 피차 감정에 크게 의존하지만, 결혼 후에는 서로를 향해 구축한 헌신이 보다 중요한 법이다. 사랑이란 감정을 느낄 때만 결혼생활을 유지할 수는 없는 것처럼, 기도하고픈 감정에 의존해서만 기도할 수는 없는 노릇이다. 우리의 결혼이나 기도생활에서 감정은 필요하지만, 그 감정이 모든 걸 지배해서는 안 된다. 그 결과는 종종 변덕과 혼란 뿐이기 때문이다. 건강한 결혼생활과 기도생활의 토대는 반드시 헌신의 의지여야 한다.

이래도 저래도 복

고훈 목사가 암 수술 후에 쓴 글, '주님과의 대화'의 한 부분이다. "주님, 아직 해야 할 일이 많은데 나를 정말 일찍 데려가실 겁니까? 그것도 구순 노모, 혼기 앞둔 자녀, 세상모르는 아내, 교회를 위해 계획된 일들, 아직도 불타는 전도의 열정, 피 토하며 전하고 싶은 메시지들을 어찌하라고요?" "사랑하는 종아! 별것을 다 걱정한다. 네가 늘 부르는 찬송, '내 평생 소원 이것뿐 주의 일 하다가 이 세상 이별하는 날 주 앞에 가리라'를 잊었니? 내가 너에게 이래도 저래도 복을 주었다. 살아도 복 죽어도 복, 건강해도 복 병 들어도 복… 이것이 주 안에서의 복이 아니냐? 너의 생명은, 오직 내 손 안에 있다. 네가 왜 그것을 걱정하느냐? 그것은 내가 알아서 할 테니 주어진 시간 동안 너의 사명에 충성을 다해라. 너의 모든 관심은 희망에 두고, 네 영역 밖에 있는 것은 내게 맡겨라."

그렇다. "그의 사랑 우리에게 뜨겁고 그의 진실하심 영원하시다"(2절, 공동번역)라고 믿는 사람은 누구나 '이래도 저래도 복'이란 뜻을 안다. 그러니 하나님께 잔소리하거나 훈수 둘 생각일랑 접어 두고, 이래도 저래도 감사하며 살자. 찬송하며 살자. 그것만으로도 복이다.

우리가 사는 이유

루터가 시편 46편을 자신의 시로 삼았듯이, 구약학자 고 김정준은 시편 118편을 '나의 시'로 삼았다. 17, 18절에서 삶의 의미를 찾았기 때문이란다. "내가 죽지 않고 살아서, 주님께서 하신 일을 선포하겠다. 주님께서는 엄히 징계하셔도, 나를 죽게 버려두지는 않으신다."

김정준은 폐질환을 앓으면서 이 말씀을 붙잡았다. 그는 이 구절을 벽에 써 붙이고 외우며 묵상했고, 병으로 고생하는 사람에게는 이 구절을 소개하며 격려했다. 믿음은 그런 거다.

십여 년을 병상에 누운 채로 삶을 지탱하시던 권사님을 기억한다. 누운 채 종일 방송을 들으면서 주님과 함께 온 세상을 위해 기도하는 게 낙이라고 하셨다. 매일 바쁘게 쏘다니며 살았다면 그리 못했을 거라고도 하셨다. 그렇다. 건강하든 아프든, 오르막이든 내리막이든 주님 안에서 삶의 의미를 찾는 게 믿음이다. 당신이 사는 이유도 오직 주님이 하신 일을 선포하고 찬양하며 감사하는 것인가. 그렇다면 말뿐만 아니라 그것을 실천하며 살기로 마음먹어 보자. 능력은 주님이 주실 것이다.

인생의 정답

119편은 독특한 형식과 내용으로 돼 있다. 우선 히브리어 자모 22자를 차례로 머리글자로 삼은 8줄(절)의 시가 연속되어 나타난다. (*1~8절은 매절이 'ㄱ'으로 시작하고, 9~16절은 매절이 'ㄴ'으로 시작하는 식이다. 이렇게 22번 반복된다.) 그래서 신구약성경을 통틀어 가장 긴 176절의 시가 됐다.

그런데 이 긴 시가 '율법', 곧 '하나님의 말씀'이란 하나의 주제와 하나의 소재로 관통된다. 또 율법인 하나님의 말씀에 대한 언급이 매절마다 나타나는 것도 이 시의 특징이다. 다만 그것이 여러 가지 다양한 용어, 곧 법, 증거, 도, 법도, 규례, 율례, 계명, 판단, 길, 약속, 말씀 등으로 표현될 뿐이다.

주님의 말씀이 내 안에 있고 나는 주님 안에 사는 것이 신앙생활의 요체라고 하신 예수님의 말씀을 기억하는가(요 15장). 오늘 시인이 깨우쳐 주는 지혜도 같은 맥락으로 이해하면 된다. 그러므로 "행실이 온전하고 주님의 법대로 사는 사람"은 행복한 신앙인이며, "주님의 교훈을 따르는 자의 기쁨은, 큰 재산을 가지는 자의 것보다 더 큰" 법이다. 잊지 말자. 인생과 신앙 여정에서 정답은 언제나 주님의 말씀이다.

작은 소리로 읊조리며

건강한 공동체 안에서는 들리지 않을수록 좋은 말이 있다. '잘해 봐' 투의 비꼬는 말, '난 몰라' 식의 무책임한 말, '그건 해도 안 될 걸' 같은 부정적인 말, '네가 뭘 안다고' 하며 무시하는 말, '바빠서 못 해' 식의 핑계의 말, '별일 없는데 뭐 해' 같은 안일의 말, '이 정도면 괜찮다'는 식의 타협의 말, '다음에 하자'며 미루는 말, '해 보나마나 똑같다'는 포기의 말, '이제 그만두자'고 하는 의지를 꺾는 말 등이다.

말은 곧 품은 뜻이며 인격이다. 그러므로 '착한 말'은 연습이기 전에 채움으로 시작된다. 우리가 주님의 기이한 일과 말씀을 "작은 소리로 읊조리며" 살아야 하는 이유이다. '작은 소리로 읊조린다'는 것은 '묵상하다' 또는 '되새기다'는 뜻이다. 매일 주님의 말씀을 묵상하는 이들을 보라. 품은 생각과 뜻이 달라지고 말과 인품이 변하는 게 보이지 않는가.

이와 더불어 "진리의 말씀이 내 입에서 잠시도 떠나지 않게 하소서"라고 기도하며 살자. 우리의 교회와 가정은 진리의 말씀과 사랑고백의 말로 가득찰 것이고, 듣는 이들은 살아날 것이다.

말씀에 붙들리면 산다

고난을 만날 때 당신은 어떻게 하는가. 누군가를 원망하고 세상을 비관하지는 않는가. 끼리끼리 뭉쳐서 하소연하며 울지는 않는가. 그것도 아니면, 술에 취해 잊고자 하든지, 화난다고 제멋대로 망가지는 길을 택하지는 않는가.

오늘 말씀은 고난을 당할 때 우리 곁에 주님의 말씀이 있다는 걸 기억하라고 권면한다. 그 말씀이 우리에게 소망을 주고, 그 말씀이 우리를 위로하며 살리기 때문이다. 주님의 말씀에서 고난을 극복할 힘과 지혜를 얻을 수 있으며, 주님의 말씀 때문에 고난 중에도 감사할 수 있고, 주님의 말씀이 있기에 고난의 길도 바르게 통과하는 힘을 얻을 수 있다니, 주님의 말씀은 우리에게 얼마나 귀한가!

"고난당한 것이 내게 유익이라 이로 말미암아 내가 주의 율례를 배우게 되었나이다"(71절). 오해하지는 말자. 고난이 우리를 살리는 힘이라는 게 아니다. 주님의 말씀이 우리를 살리는 힘이라는 뜻이다. 그러므로 명심하라. 고난에 붙잡히면 죽지만 주님의 말씀에 붙들리면 산다.

내 영혼이 지치도록

당신은 하나님의 말씀을 읽기 위해 눈도 몸도 피곤할 정도로 열심을 내 본 일이 있는가. 성경통독 세미나가 생각난다. 여러 날 동안 앉아서 성경책만 읽고 있으려니 온몸이 피곤했다. 그렇지만 그 피곤함을 상쇄하는 기쁨과 보람을 얻었었다. 스포츠중계나 영화를 보기 위해서 또는 오랜만에 만난 친구와의 수다를 위해서 피곤함을 감수할 때가 있다면, 주님의 말씀을 듣기 위해 종종 피곤함을 감수하는 것도 어쩌면 마땅하다 해야 하지 않을까. 더군다나 우리 주님은 '말씀하시는 하나님'이 아닌가.

주님을 믿는다는 것은 그분의 말씀을 듣고 그 말씀을 신뢰하여 따른다는 뜻이다. 나와 세상을 위해 이루실 주님의 뜻과 계획, 그리고 비전을 듣는다는 것은 가슴 뛰는 일이다. 주님의 그 모든 말씀이 성경에 있다. 그 안에서 이미 이루어진 구원도 듣고, 이루고 계신 뜻도 들으며, 앞으로 이루실 비전도 들을 수 있다. 그러므로 "이 예언의 말씀을 읽는 자와 듣는 자와 그 가운데에 기록한 것을 지키는 자는 복이 있"다(계 1:3). 하루의 고단함을 핑계대지 말고, 주님의 말씀을 듣고 묵상하는 복을 누리며 살자.

바름과 새로움을 위해

주님의 말씀을 사랑하고 묵상하는 사람은 원수를 이기며, 스승보다 명철하고, 노인보다 지혜롭다. 말씀을 앞세우는 것이 힘과 전략 또는 지식과 경험을 앞세우는 것보다 낫다는 가르침이다. 이런 진리를 깨닫고 실천한 신앙운동이 종교개혁과 같은 바름과 새로움을 만들었다.

개혁자들은 주님의 말씀보다 사람의 전통을 고수하던 중세교회의 그릇됨에 맞서 '오직 성경'(Sola Scriptura)을 외쳤다. 그렇게 '말씀 우선'의 교회, 곧 개신교회(Reformed Church)가 출범한 것이다. 그러나 이미 '개혁된'(reformed) 교회라 해도 온전할 수는 없기에, 세상의 모든 교회는 '개혁 중인'(reforming) 교회가 돼야 한다. 여러 개신교단이 모여 하나의 '연합교회'를 이룬 호주 교회는, 스스로를 '연합된'(united)이 아닌 '연합 중인'(uniting) 교회로 칭한다. 교회는 계속 개혁되고 일치돼야 한다는 신념을 표현한 것이다.

우리도 그런 신념을 확인하며 살 필요가 있다. 사람이나 전통이 아니라 '오직 말씀'을 앞세워 날마다 바르고 새로워지는, 그런 교회, 그런 그리스도인이 많아지길 기도한다.

나를 총명하게 하소서

더글라스 브라우어는 『당신은 무엇을 믿는가』에서, 성경은 "성령의 감동을 받은 믿음의 공동체를 통해 고백된 신앙고백서"이기에 성경을 읽을 때는 성령의 감동을 구해야 한다고 말한다. 그리고 실제로 칼빈이 성경을 읽기 전에 했다는 기도를 소개한다. "하늘에 계신 아버지, 주님 안에는 빛과 지혜가 충만합니다. 당신의 성령으로 우리의 생각을 밝히시고, 우리에게 당신의 말씀을 경외하여 겸손하게 받을 수 있는 은총을 주소서. 그것 없이는 아무도 당신의 진리를 이해할 수 없습니다."

성경을 실용서적으로 읽거나 비밀집단의 경서처럼 읽으면, 그 메시지를 오해하거나 오독할 위험이 있다. 한때 베스트셀러였던 『바이블 코드』(The Bible Code)가 오해한 것처럼, 성경은 결코 세상 사건들의 정확한 타이밍을 신비한 암호로 알려 주는 책이 아니다. 비밀을 캐거나 푸는 책이어서 성경을 신비하다고 하는 게 아니란 말이다. 성경이 신비한 것은 하나님의 말씀이기 때문이다. 그러므로 누구든 성경을 읽는 이들은 이렇게 기도해야 한다. "나는 주의 종이오니 나를 깨닫게 하사 주의 증거들을 알게 하소서"(125절).

주님의 말씀, 우리의 기쁨

선교사가 오기 전, 한민족의 믿음의 눈을 연 것은 주님의 말씀이었다. 중국을 오가던 의주 상인들이 봉천에서 스코틀랜드 선교사 로스를 만나 신앙에 입문했고, 그들은 함께 최초의 한글성경 〈예수셩교젼셔〉(1882년)를 번역해 냈다. 이 성경이 조선과 만주에 많이 보급됐고, 그로 인해 선교사들이 입국하던 1884년 무렵의 조선 땅엔 이미 세례를 받은 이들이 있었다. 고조선의 고도인 즙안의 한인촌에서 세례를 베풀던 때의 감동을 로스 목사는 이렇게 전한다.

"이들 계곡에서 본 일은 우리를 겸손하게 만들었다. 어제는 이교도였지만 오늘은 예수 그리스도 안에서 하나님과 화해하고 기뻐하는 자들을 만났기 때문이다. 우리는 다만 '가만히 서서 하나님의 구원을 바라볼' 수밖에 없었다. 모두 4계곡에서 75명의 영혼이 세례를 받았다. 이들이 고국에 복음을 전하는, 누룩이 될 것을 희망한다. 우리는 그들을 하나님과 그의 은혜의 말씀에 맡기고 돌아왔다." (한국기독교사연구회, 『한국기독교의 역사1』에서 인용)

주님의 말씀에 능력이 있다. 주님이 말씀으로 이루신 교회는 그저 기뻐하며 찬양할 뿐이다.

순례자의 노래

법정이 그의 책, 『홀로 사는 즐거움』에서 전해 준 이야기가 인상적이었다. 1959년 티베트에서 중국의 침략을 피해 여든 살이 넘은 노스님이 히말라야를 넘어 인도에 오자 기자들이 놀라서 물었다. "어떻게 그 나이에 그토록 험한 히말라야를 맨몸으로 넘어올 수 있었습니까?" 노스님은 대답했다. "한 걸음, 한 걸음 걸어서 왔지요." 노스님의 말처럼, 순례란 목표를 향해 꾸준히 나아가는 일이다. 그리고 그렇게 사는 사람은 다 순례자인 셈이다.

120~134편은 순례자의 노래다. 120편의 순례자는 평화를 목표로 삼았다. 그래서 평화의 성 예루살렘을 향해, 그리고 평화의 왕이신 주님을 향해 나아가는 중이다. 순례자는 거짓과 폭력이 난무한 세상에 살지만 그런 사람이나 문제들과 싸우는 대신 주님을 향해 꾸준히 걸어가면서 자유를 배우고 평화를 누리고 있다. 주님을 향해 한 걸음씩 내딛을 때마다 익숙함과 안일함의 미련을 덜어 낼수 있었고, 불의와 두려움의 골짜기도 뒤로할 수가 있었던 것이다.

하루가 다시 시작됐다. 순례자여, 또 걸어 보자. 한 걸음씩 걸어 가다 보면 인생의 험산준령도 넘게 될 것이다. 허리띠를 동이고 신발 끈을 묶고, 주님을 향해 나아가자.

순례자의 평강, 임마누엘

장기 여행자들은 뜨거운 햇볕에 오랜 시간 노출되면서 일사병으로 정신을 잃을 수 있다. 발을 헛딛거나 길을 잃거나 도둑을 만나는 등의 환난을 경험할 수도 있다. 또한 긴 여행길에 피로와 염려에 눌려서 마음이 병들 수도 있다. 고대 작가들은 이를 '문스트로크'라고 했다. (* moonstroke: 광기나 정신착란을 뜻한다. 점성학에서는 달빛의 영향으로 정신병이 온다고 믿었다.) 이런 위험에 대해 순례자는 이렇게 말한다. "주님께서는 네가 헛발을 디디지 않게 지켜 주신다…"(3절, 새번역). "주님은 너를 지키시는 분… 낮의 햇빛도 너를 해치지 못하며, 밤의 달빛도 너를 해치지 못할 것이다"(5~6절, 새번역).

믿음으로 살면, 몸과 정신에 아무런 해함도 겪지 않는다는 뜻일까. 아니다. (그렇다고 하고 싶지만, 그렇지 않은 경우가 얼마든지 있다.) 주님을 향한 순례자의 삶을 택한 이에게도, 여느 여행자들이 겪는 '일상'은 고스란히 경험된다. 육체적으로 정신적으로 위기의 순간은 찾아온다. 다만, 그 일상 여정에 동행하며 돌보시는 주님을 의지해서 힘듦과 두려움을 이겨 낸다는 게 다를 뿐이다. 그래서 주님의 이름이 '임마누엘'(우리와 함께하시는 하나님)인 것이다(사 7:14). 잊지 말자. 순례자의 평강은 오직 임마누엘로부터 온다.

순례자의 예배

그리스도인들에게 예배는 강요되지 않는다. 권고되고 초대될 뿐이다. 주님도 자원하는 예배를 기뻐하신다. 그렇다고 경건한 느낌이 생길 때만 예배하라는 뜻은 아니다. 느낌은 또한 대단한 거짓말쟁이에 종종 변덕쟁이이기도 하기 때문이다. 인간의 감정은 많은 영역에서 중요하다. 그러나 믿음의 문제에서까지 우선순위를 차지하는 건 바람직하지 않다.

우리는 지금 '감각의 시대'를 살고 있다. '하고 싶다'고 느끼지 못하면 그렇게 할 명분도 없다고 생각하는 시대다. 그러나 성경은 달리 말한다. 느낌을 통해 행동으로 나아가기보다 행동을 통해 느낌을 얻는 것이 훨씬 바르고 복되다고 깨우친다. 그런 면에서 예배는 거룩한 순종을 통해 거룩한 감정까지 주님께 드리는 복된 자리인 것이다. 유진 피터슨의 통찰대로, 예배는 하나님을 향한 우리의 허기를 채워 주지 않는다. 오히려 우리의 식욕을 자극하고, 주님을 갈망하는 우리의 갈증을 더욱 깊게 한다. 그러한 식욕과 갈증은 예배 시간 밖으로 흘러넘쳐서 한 주 내내, 일상의 선교지에서 평화(샬롬)를 추구하는 예배자로 살게 한다.

평화, 동적 평형(動的平衡)*

123편을 묵상하려는데, 북미간의 하노이 협상이 결렬됐다는 뉴스가 모든 감각을 점령한다. 한참 만에 다시 말씀 앞에 앉으니, 1절이 슬며시 마음을 붙든다. "하늘에 계시는 주여, 내가 눈을 들어 주께 향하나이다." 2절이 권한다. "상전의 손을 살피는 종의 눈처럼, 여주인의 손을 살피는 몸종의 눈처럼, 주님의 자비를 사모하며 우리 하나님을 바라보라!" '그래야지…' 하고 공감한다. '그게 순례자로 세상을 사는 자세지'라고 수긍한다. 그래서 다시 또 기도하겠다고 다짐한다. 벌써 "안일한 자의 조소와 교만한 자의 멸시"가 느껴지지만 어쩌랴. 구더기 무서워 장 담그길 포기할 수는 없는 노릇이니…. 그래도 다행이다. 양쪽 모두 복심은 다를지라도 만남과 대화를 이어가는 게 유리하다고 계산한 듯하니 말이다. 어차피 평화는 정지, 무사, 고요의 상태가 아니라 '묵내뢰'(黙內雷)처럼 부단한 교류와 조정으로 이뤄 내는 동적 평형(動的平衡)이 아니겠는가. 나부터 다시 순례자의 부지런함으로 기도하고 또 기도하리라. "주님, 우리에게 은혜를 베푸시고 또 은혜를 베푸소서!"

---

* 2019년 3월 묵상

그래도 가야 할 길

『한 길 가는 순례자』에서 유진 피터슨의 헌혈 경험을 읽은 적이 있다. 그가 적십자사 차에 올라 누웠을 때 간호사는 헌혈의 적격 여부를 가리기 위한 질문을 했다. 그 마지막은, "당신은 위험한 일에 종사하십니까?"였고, 유진은 "그렇다"고 대답했다. 간호사는 잠시 멈칫하고 놀란 기색이었지만, 이내 목사직을 드러내는 옷을 보고는 웃으며 말했다. "목사님, 그런 종류의 위험한 일 말고요!" 유진은 '그리스도인으로 살아가는 일'이 위험하다는 것을 말하고 싶었다고 했다.

시편의 순례자들도 자신들의 여정이 위험했다고 말한다. 그들은 믿음으로 걷는 중에도 "일어나 치는 원수들"을 만났고, "범람하는 홍수"의 위험도 경험했다. 그렇다. 순례길도, 제자도도 위험한 여정이다. 성공이나 승리가 당연하지 않은 길이다. 그러나 보장된 단 하나의 조건으로 인해 갈 만하고, 또 가야 하는 길이다. 그것은 바로 "하늘과 땅을 만드신 주님의 도움"이다.

당신도 나도, 제자의 길을 가고자 하거나 순례 여정 중이라면 긴장해야 한다. 위험하기 때문이다. 그러나 담대해야 한다. "주님의 이름"을 깃발처럼 들고 있기 때문이다.

지리학적 구원론

125편은 하나님으로부터 오는 구원의 안전을 심리학이 아닌 지리학으로 묘사한다. 마치 '지리학적 구원론' 같다. 순례자인 시인은 지금 예루살렘 성과 성전이 파괴되고 무너졌는데도 산은 그냥 그대로 있는 것을 보고 있다. 오히려 그 산들이 인공의 성벽보다도 더 견고하게 예루살렘을 두른 듯 서 있는 광경을 보면서, 순례자는 예루살렘처럼 자신도 안전하며 흔들리지 않을 것을 확신하게 된 것이다.

3절의 "악인이 권세를 휘두르지 못하리라"는 표현은, 그 어떤 악한 힘과 박해도 주님의 구원계획을 취소시킬 수 없다는 뜻이다. 사실 악인의 권세는 수시로 이스라엘을 덮쳤고, 그때마다 블레셋, 디글랏 빌레셀, 산헤립, 느브갓네살, 가이사들이 이스라엘과 유다를 지배하는 것처럼 보였다. 그러나 그들 모두 하나님 나라를 이길 힘은 되지 못했다. 주님의 구원은 영원한 데 비해 악의 세력은 한때라는 것을, 그때나 오늘이나 주님만 의지하고 서 있는 사람들은 다 안다.

흔들리지 말자. 아니, 악한 바람이 불어 잠시 흔들릴지라도 두려워하지 말자. 결코 쓰러지지 않을 테니.

웃으며 맞이할 그날

순례자들은 "여호와께서 하신 큰일"을 바라보며 걷는다. 그래서 기뻐할 수 있다. 그들은 자신의 선행과 도덕성, 정의감과 용기 따위를 내세우지 않는다. 자기편의 지혜나 힘, 권세나 돈 같은 걸 자랑하지도 않는다. 그런 것들은 힘인 만큼 또한 짐이었다. 그들이 기적처럼 경험한 해방은 오로지 하나님이 이루신 큰일이며 큰 은혜였다. 그 은혜를 기억하고 또 소망하며 나선 순례길은 고생스러웠지만 분명 기쁨이었다.

우리가 연약한 것은 사실이다. 남아 있는 순례길의 과제도 만만치 않다. 그러나 주님이 행하신 큰 구원의 일들을 기억할 때, 우리도 "눈물을 흘리면서도 씨를 뿌리는 자"가 될 수 있다. 해방의 주님을 바라보라. 출애굽의 하나님을 기억하라. 그분이 우리와 함께 이루실 평화와 통일 그리고 온전한 구원의 복을 희망하라. 어차피 순례길이니 험난할 것이다. 날씨가 불리할 수도 있고, 자갈길이 길수도 있다. 위험한 일도 만날 것이다. 그러나 치명적이진 않을 것이다. 대세는 정해졌으니 두려워 말고 나아갈 일이다. 웃으며 맞이할 그날을 꿈꾸며, 오늘도 찬송하며 전진하자.

목적이 이끄는 삶

『세상 속의 그리스도인』에서 자크 엘륄은, 우리 문명에서 일어나는 가장 큰 문제가 모든 것이 '수단화'되는 현상이라고 진단한다. 맞는 말이다. 우리 시대를 끌고 가는 목적이란 게 있기는 한 것일까. 사람들은 마치 속도 자체가 충분한 목표인 양, 탈 것들의 속도 신기록이 나올 때마다 경탄하면서 더 빠른 뭔가를 만들려고 더욱 애를 쓴다. 그러나 그렇게 절약한 시간을 도대체 어디에 쓰겠다는 것일까. 또 새로운 치료법이 나올 때마다 사람들은 박수를 치며 더 진보한 치료기술을 얻기 위해 더욱 열심을 낸다. 그러나 그렇게 힘들게 연장시킨 수명을 어디에 쓰겠다는 것일까. 자크 엘륄의 통찰대로, 수단에 의해 비인간화되고 스스로도 수단으로 전락해 버린 현대인은, 더 많아진 시간과 더 길어진 수명에도 불구하고 사용할 줄도 모르는 정교하고 복잡한 기계 앞에 앉아 있는 야만인과 같은 신세가 돼 버렸다.

여호와를 목적으로 하지 않는 모든 일은 그저 수단에 불과하다. 주님만이 우리의 목적이라고 고백하자. 목적이신 주님의 부르심과 인도하심만이 우리 인생을 가치 있게 한다. 살면서 자꾸 잊는 게 문제다.

가정의 리더십

가정을 이끌 영적 리더십은 보이지 않고, 그저 돈만 벌어오는 게 스트끼리 어울려 사는 듯한 가정이 늘고 있다. 어떤 생명체가 사라지는 것보다 더 근본적인 지구촌의 위기는, 가정을 어떻게 인도해야 할지를 아는 유능한 남자와 여자가 사라진다는 데에 있다.

모름지기 가장이라면 건강한 영적 리더십을 위해 두 가지를 신경 써야 한다. 첫째, 주님과의 거리이다. 영적 리더십의 원천은 하나님이기 때문이다. 이는 곧 주님의 말씀과의 거리로 결정된다. 루스벨트가 링컨을 존경한다면서 평한 말처럼, 어느 공동체든 '성경으로 만들어진 리더'가 있어야 건강한 법이다. 둘째, 가족과의 거리이다. 식탁에 둘러앉을 여유가 없는 가족관계는 사단이 가장 좋아하는 공격 대상이다. 사단은 부모의 리더십으로부터 자녀를 멀어지게 해서 가정의 미래를 무너뜨린다. 카작 공화국의 한 식당에서 어린 아들 셋과 함께 식사하는 가정을 힐끔거리며 지켜본 적이 있다. 그들의 화목한 식탁에서 카작의 미래를 밝게 보았다면 좀 지나친 전망일까. 그러나 말씀도 이르지 않는가, 건강한 가정에서 평안한 나라의 미래를 볼 수 있다고.

끝까지 갈 맘을 먹어야

무협지의 주요 내용은 대개 도를 닦거나 무술을 연마하는 얘기다. 처음엔 여러 명이 함께 시작하지만, 많은 이들이 중도에 포기한다. '끝까지 간다!'고 맘먹은 주인공만 물러나지 않는다. 맘먹지 않으면 그만둘 이유는 정말 많다. 출세의 기회, 시기심, 금지된 비책의 유혹, 스승에 대한 불신, 교만 등. 실력이나 체력보다 주인공에게 필요한 건, 그래서 심력(心力)이다. 고진감래라고, 천운도 따르고 기인도 만나서 주인공은 마침내 고수의 경지에 오른다.

순례길이 이와 비슷하지 않은가. 주님이 "끝내라" 하지 않으시는 한, '끝까지'라고 맘먹은 자만이 순례를 마칠 수 있다. 여호수아나 갈렙은 '나와 내 집은 끝까지 여호와만 섬기겠다!'고 맘먹었다. 예수님은 '끝까지 사랑하리라'고 맘먹으셨고, 바울은 '내가 지옥에 떨어져도 동족이 구원받는 길이 있다면 그 길을 가겠다'고 맘먹었다. 그리고 그들 모두 그렇게 했다.

우리의 순례길은 쉬 끓었다 쉬 식는 냄비같을 때가 얼마나 잦은지. 사랑도 용서도 선행도 끝까지 할 마음을 먹어야 한다. 그것도 매일 그래야 한다. 우리는 약하고, 악은 집요하므로.

간절하게 더 간절하게

〈서든 데쓰〉(Sudden Death)라는 영화가 있다. 한 아이가 아빠와 누나와 함께 간 아이스하키 경기장에서, 테러범이 폭탄을 설치하고 부통령을 납치하는 일을 벌인다. 아빠는 아이에게 무슨 일이 있어도 자리를 지키고 있으라고 당부하고는 테러에 대처한다. 아이는 불안하지만 아빠의 말대로 자리를 지킨다. 전광판이 폭파되고 경기장은 아수라장이 되고 관중들은 다 도망치는데도, 아이는 끝까지 자리를 지킨다. 마침내 테러범에게 잡힌 딸을 구출하느라 피범벅이 된 아빠가 아이를 찾아 달려온다. 아들은 아빠에게 달려가 꼭 안기며 말한다. "난 아빠가 올 줄 믿었어요. 그래서 겁났지만 그대로 앉아 있었어요!"

이런 인내를 가능하게 하는 건 다름 아닌 희망이다. 그리고 희망은 사랑을 믿을 때 생긴다. 이 땅에 임할 하나님 나라, 그 나라를 향한 순례길도 주님이 사랑으로 동행하신다고 믿는다면, 그분이 주실 평화와 은혜를 희망한다면, 그 은혜를 누리기까지 멈출 수는 없다. 우리도 파수꾼이 아침을 기다림보다 더 간절하게 희망해야 하지 않을까. 그런 기다림으로 한 걸음씩 그 나라를 마중하러 가야 하지 않을까.

족한 줄 아는 마음

쌀 항아리와 과일 상자와 고기 광주리를 채워 달라고 날마다 하나님께 졸라 대던 사람이 있었다. 하도 괴롭게 하는 통에 하나님께서 허락하셨다. 그가 쌀 항아리 앞에 서면 쌀이 저절로 생겼다. 신나게 쌀을 퍼 담다 보니 과일 상자가 그대로인 게 불만이었다. 그래서 과일 상자 앞에 서니 이번엔 과일이 생기고 과일 상자가 커졌다. 그러나 고기 광주리는 그대로였다. 그래서 고기 광주리 앞으로 갔다. 이제 고기도 생기고 고기 광주리도 커졌는데, 다시 보니 쌀 항아리가 작아 보였다. 그래서 쌀 항아리로 뛰어갔다. 그리고 과일 상자로, 또 고기 광주리로…. 이렇게 숨 가쁘게 채우다 보니 죽는 날이 다가왔다. 그제야 그는 문득 깨달았다. 자신이 게걸스런 거지처럼 살아왔다는 사실을 말이다. 그는 하나님께 항의했다. "어찌 저를 거지처럼 살게 하셨습니까?" 하나님은 대답하셨다. "그건 네 탓인 것 같구나. 꽉 차지 않아도 족한 줄 알았더라면 그렇게 살지는 않았을 것이다."

그렇다. 욕심항아리를 다 채우려다간 거지꼴로 살 수 밖에 없다. 족한 줄 아는 사람이 행복한 사람이다. "주님, 이제 내가 교만한 마음을 버렸습니다…"(1절, 새번역).

참된 겸손

주님은 다윗이 마음에 든다고 하셨다(행 13:22 참조). 그의 겸손을 보셨던 것이다. 하나님은 교만한 자는 물리치시고 겸손한 자에겐 은혜를 주시는 분이다(약 4:6, 벧전 5:5 참조).

하나님께 겸손하다는 건 뭘까. 다윗을 예로 보면, 받은 은혜를 잊지 않고 기억하는 게 겸손이다. 다윗은 나라를 통일하고 정사를 정비하고 왕궁을 지은 후에, 그 모든 게 하나님의 은혜임을 기억했다. 그래서 권세를 부리며 자화자찬하는 대신 은혜의 주님을 높이고자 했다. 그는 변방에 방치돼 있던 하나님의 위엄, 곧 법궤를 찾아오는 일에 정성을 다했다. 하나님이 하지 말라고 하신 성전 건축, 그 준비만을 위해서도 온 힘을 쏟았다. 다윗은 결코 '올챙이 때를 생각 못하는 개구리' 같은, 교만하고 염치없는 사람이 아니었던 것이다.

우리는 다급한 문제를 해결하고 나면, 종종 은혜를 잊는다. 간절히 부르짖은 후임에도 그렇다. 감사하는 데 게으름을 부리기도 한다. 그게 교만인 줄도 모른다. 우리 삶이 빈약해지는 이유이다. 주님 앞에서 겸손하자. 주신 은혜를 기억하며 찬송하자. 주님은 그런 사람에게 복 주시는 데 성실하신 분이다. 다윗이 그 표징이다.

이다지도 좋을까!

"이다지도 좋을까, 이렇게 즐거울까! 형제들 모두 모여 한데 사는 일!"(1절, 공동번역)

해방과 분단 이후 70여 년이 지났다. 이제나저제나 가족 상봉을 기다리던 사람들 대부분이 이미 세상을 떠났다. 분단의 그늘은 우리 사회 깊숙이 스며들어 있다. 핵과 전쟁에 대한 염려도 여전하다. 이것들이 자유와 정의, 평화와 다양성의 물꼬를 틀어막고 있다. 한반도는 여전히 싸움터다.

이스라엘도 우리와는 다른 듯 비슷한 경험을 가지고 있다. 어쩌면 더 비극적이라고 느낄 수도 있다. 분단 후 북이스라엘은 결국 앗시리아의 침략으로 망했고, 민족의 정체성마저 잃었다. 바벨론에게 망한 남유다는 왕을 비롯한 많은 이들이 포로로 끌려갔다. 오랜 세월이 지난 후 해방은 선포됐지만 섣불리 고향을 향하지 못했고, 낯선 땅에서 난민으로 사는 이들이 많았다. 133편의 순례자들은 그런 형제들에게 권고한다. "우리가 다 형제이니 이제 돌아가 주님의 복을 누리자"라고 말이다. 아무리 심하게 싸웠어도 형제라면 화해할 수 있다. 오랜 세월이 흘러 남처럼 데면데면해도 형제라면 다시 뭉쳐야 한다. 그래야 소명도 복도 회복된다.

마지막을 안다면

"그날이 오면, 유다 땅에서 이런 노래를 부를 것이다. 우리의 성은 견고하다. 주님께서 친히 성벽과 방어벽이 되셔서 우리를 구원하셨다. 성문들을 열어라. 믿음을 지키는 의로운 나라가 들어오게 하여라. 주님, 주님께 의지하는 사람들은 늘 한결같은 마음을 가진 사람들이니, 그들에게 평화에 평화를 더하여 주시기 바랍니다"(사 26:1~3, 새번역).

순례길이 끝나고 영원한 도성에 이른 후에 우리가 할 일은 뭘까. 영생의 복을 노래하며 주님의 은혜를 칭송하는 것이 아닐까. "주의 모든 종들아, 주님을 송축하여라!"(1절, 새번역)

그런데 마지막이 기쁨의 노래라면, 그걸 안다면, 그 노래를 희망하며 걸어가는 순례길 또한 기쁨이지 않을까. 신앙생활, 곧 순례길의 덕은 엄격한 질서나 금욕에 있지 않다. 기쁨과 자원함에 있다. 그러므로 순례길 여정에서 '뭘 하느냐' 또는 '잘하느냐'보다 중요한 건, '왜 하느냐'와 '기뻐하느냐'일 것이다. 웨스트민스터 소요리문답의 첫 항은 "사람의 제일 되는 목적은 무엇인가"라고 묻고 이렇게 답한다. "하나님을 영화롭게 하며, 영원토록 그를 즐거워하는 것이다."

모든 것을 건 선택

"여호와께서 자기를 위하여 야곱 곧 이스라엘을 자기의 특별한 소유로 택하셨음이로다"(4절).

쿠바에 파송된 선교사가 마이아미 공항에서 3년 전쯤 미국으로 이주한 쿠바인 친구를 만났단다. 그는 공항에서 짐을 운반하는 일을 하고 있었다. 커피와 스낵을 먹고 나서, 선교사가 계산하려는 걸 만류하더니 이렇게 말하더란다. "이제 나도 이 정도 지출은 할 만큼 삽니다. 그리고 행복합니다. 가장 좋은 건, 무언가를 선택하고 결과를 기다리며 살게 됐다는 겁니다. 선택의 결과가 나쁘든 좋든 상관없이 그게 행복이란 걸 알게 됐습니다."

그에게는 이주한 땅, 일자리, 새 친구들… 이 모든 게 특별하고 소중한 보물이었을 것이다. 그가 목숨을 포함한 모든 걸 걸고 대신 선택한 것들이기 때문이다.

이스라엘이 주님께 특별한 이유도, 오늘의 교회와 성도가 소중한 이유도 이와 같다. 주님도 모든 걸 걸고서 우리를 선택하셨다. 오직 사랑으로 그리하셨다. 그 영원하고 성실한 사랑으로 선택받은 우리인데, 어찌 주님을 송축하지 않을 수 있겠는가. 할렐루야!

강한 손, 펴신 팔로

헨리 나우웬의 『춤추시는 하나님』에는 어느 서커스 단원의 이야기가 나온다. 그는 높은 곳에서 거꾸로 공중제비를 할 때 많은 사람들이 자신에게 박수를 보내지만, 진짜 영웅은 따로 있다고 고백한다. 바로 허공에 뛰어오른 자신을 '잡는' 사람이다. 자신은 그저 잡는 사람이 자신을 잘 잡아 끌어올려 줄 것이라 믿고 몸을 맡길 뿐이라고 말한다.

나우웬은 이 얘기를 전하며, 하나님도 언제든 우리를 '잡아 주시는 분'이라고 강조한다. 좋을 때든 힘들 때든, 승승장구할 때든 막막할 때든 늘 우리 곁에 계시면서 말이다. 기쁨은 물론 슬픔도 꽉 움켜쥔 채 살아온 우리지만, 이런 하나님을 알게 되고 신뢰하게 되면 잡고 있는 걸 다 내려놓고, 그분의 잡아 주심을 의지해 마침내 날 수도 있지 않을까. 춤추듯 공중제비를 하는 서커스맨처럼 우아하고 찬란하게 말이다.

안심하고 팔을 뻗자. 주님의 손은 우리를 잡기에 넉넉할 만큼 크고 힘 있는 손이다. "강한 손과 펴신 팔로 인도하여 내신 이에게 감사하라. 그 인자하심이 영원함이로다"(12절).

바벨론 강변의 애국가

유대 난민들은 바벨론 강변에서 시온을 그리워하며 울었다. 시온의 노래가 승자의 노리개가 되는 게 싫어서 거문고를 나무에 걸어 두고 입을 다문 그들의 조국애가 가슴을 덥힌다.

고 장준하의 항일대장정을 기록한 『돌베개』를 읽다가 가슴이 더워지는 경험을 여러 차례 했다. 일본 군대를 탈출한 조선 젊은이들, 곧 장준하, 김준엽, 윤경빈, 김영록, 홍석훈이 불로하(不老河) 강변에서 몸을 씻고 중국 군대의 옷으로 갈아입고는 조국을 향해서서 애국가를 부르는 대목에서도 그랬다. 다섯 청년이 산 설고 물선 중국 땅에 한국의 언어를 뿌려 놓듯이 "동해물과 백두산이 마르고 닳도록, 하느님이 보우하사 우리나라 만세"를 부르며 목이 멜 때, 나도 가슴으로 울었다. 그들이 "무궁화 삼천리 화려강산, 대한사람 대한으로 길이 보전하세" 후렴구를 부르며 끝내 목 놓아울 때는, 나도 꺽꺽거리며 울고 말았다.

조국이란 진정 무엇인지, 민족의 정기란 게 우리 몸속 어딘가에 각인돼 있는 건지, 그런 건 잘 알지 못한다. 그러나 하나는 분명히안다. 이 나라가 누군가에게는 그토록 사무쳤던 그리움이었다는 사실이다. 먹먹한 가슴으로 그저 오늘이 감사할 뿐이다.

멀리서도 알아보신다

정치인들은 자신들이 갈등을 '조정한다'고들 선전한다. 그러나 실상은 자신들이 갈등을 '조장하는' 경우가 훨씬 많다. 이런 현실을 풍자적으로, 그러나 적나라하게 드러낸 소설이 있다. 이스라엘의 풍자작가로 이름을 떨친 에프라임 키숀의 정치우화소설 『닭장 속의 여우』다.

키숀은 이 책에서, 말로만 통합을 부르짖을 뿐 실제로는 오히려 갈등을 먹고사는 정치인들의 모습을 얄밉게, 통쾌하게 풍자한다. 이야기 속에 등장하는 정치인은 이미 '권력'에의 의지에 마비돼서 언제든 자신과 남을 타락시킬 수 있는 존재로 묘사된다. 사람들이 갇힌 듯 잊힌 듯 살아가던 한 시골마을에 요양을 한답시고 이 정치인이 등장하자, 마을의 화합과 평화는 깨지고 만다. 자신의 존재감을 확인하기 위해 분열과 분쟁을 부추기는 '정치인' 때문이었다. 입으로는 주님을 들먹이지만 낮은 데로 오신 그분과는 달리 줄곧 '높은 데로만'에 중독된 자였던 것이다.

그런데 이 소설이 한국사회나 교회의 풍자처럼 느껴지는 건 어쩐 일일까. 내가 너무 비판적인 걸까. "멀리서도 오만한 자를 다 알아보신다"고 하신 주님은, 정확히 판단하시리라.

어느 멋진 날

마이클 야코넬리의 『하나님과 함께 놀다』에는, 어느 섬에서 휴
가를 보낸 한 여인의 경험이 실려 있다. 그 섬은 바다거북들의 산
란 섬이었다. 여인은 산책 중에 뜨거운 마른 모래에 묻혀 있는 거
북을 발견했다. 급한 대로 물을 부어 준 후 관리인에게 알렸다. 관
리인은 거북을 거꾸로 뒤집어 앞발에 타이어체인을 감은 후, 지프
에 매달고 모래 위를 달렸다. 어찌나 빨리 달리는지 거북의 입에
모래가 가득 들어갔고 고개는 뒤로 꺾여 버렸다. 바닷가에 이르러
체인을 풀어 주고 원래대로 뒤집어 놓자, 죽은 듯 미동도 않던 거
북이 서서히 움직여 물속으로 사라져 갔다. 여인은 그 일을 이렇게
기록했다. "거북이 사라지는 모습을 보며, 악몽같이 끌려오던 일을
떠올렸다. 그리고 문득 깨달았다. 내 삶을 뒤집어 놓은 손이 지금
나를 죽이는 것인지 살리는 것인지 분간하기 어려울 때가 있다는
것이다."

삶이 뒤집어지는 때가 있다. 그런데 그 뒤집으시는 손이 나를 지
으시고, 속속들이 아시고, 사랑으로 돌보시는 분의 손이라는 걸 내
가 안다면, 이보다 멋진 경험이 또 있을까. 기대하라. 오늘도 그 멋
진 경험을 할 수 있는 날이다.

아는 만큼, 믿는 만큼

영화 〈암살〉에는 변절자들이 던졌을 법한 물음이 하나 깔려 있다. 침략 원흉이나 매국노 한두 명을 제거한다고 '달라질 게 있느냐'는 물음이다. 이에 대해 주인공 안옥윤이 내놓은 답이 있다. "모르지. 그렇지만 알려 줘야지. 우린 계속 싸우고 있다고…." 그녀의 상대편엔 변절하고 밀정이 된 인물 염석진이 있다. 해방 후에도 그는 반공친미보수의 옷을 입고 권력 주변에서 얼쩡거리던 작자다. 반민 특위까지 무력화시킨 그를 안옥윤이 암살하면서 되묻는다. "왜 조국을 팔았나?" 염석진의 답이다. "몰랐으니까. 해방이 될 줄 몰랐으니깐. 알았으면 그랬겠나!"

안옥윤에게서 다윗의 그림자를 보았다. 다윗도 수많은 대적들에게 둘러싸인 채로 계속 싸웠던 사람이다. 다만 그를 계속 싸우게 한 힘은 무엇이었는지가 궁금했다. 다윗에게는 그것이 바른 지식과 온전한 믿음이었다. 다윗은 "주님이 고난받는 사람을 변호해 주시고, 가난한 사람에게 공의를 베푸시는 분임을" 알고 있었다. 그는 대적자와 악인의 공격을 받는 날에도 주님이 마련하신 뜨거운 숯불이 그들의 머리 위로 기우는 것을 보았다. 그 시절 다윗은 주님을 아는 만큼, 믿는 만큼 살았다. 우리도 그리 살고 있듯이.

눈 감을 때 열리는 세계

다윗은 '언제나' '기도하는 사람'이고 싶었다. 기도를 들으시는 주님을 의지했기 때문이다. '언제나'는 '사는 동안'이란 뜻이니까, 다윗에게 살아 있다는 것은 기도하고 있다는 것과 같았다.

큰 소리로 떠들 때보다 조용히 기도할 때 리더십의 권위가 더 통한다는 것을 다윗은 익히 알고 있었다. 애정을 가지고 비판하는 의인들을 가까이하는 것이, 말의 성찬으로 아첨만 하는 악인들을 가까이하는 것보다 군주다운 리더십이란 것도 알았다. 그가 용맹한 사자 같으면서도 착한 목자와도 같은 왕일 수 있었던 것은 결코 우연이 아니었다. 훌륭한 스승에게 왕도를 학습했기 때문도 아니었다. 아침 분향과 저녁 제물처럼 드렸던 기도생활이 유일한 비결이었다. 보이는 세계에 관심을 가진 많은 이들과 달리, 그는 눈을 감을 때 열리는 세계에 대해 아는 사람이었다.

예수님이 '눈뜬' 바리새인들과 유대지도자들을 '눈 먼 자'라고 책망하셨던 이유를 헤아려 본다. 기도 없이 산다면, 우리도 현대판 바리새파로 전락할 수 있다. 주님은 오늘도 눈 감을 줄 아는 자들을 찾으신다. 기도하는 자들에게 주님의 리더십을 주고자 하시기 때문이다.

응답은 있다

한 병약한 남자의 집 앞에 큰 바위가 있어서 출입을 어렵게 했다. 꿈에 주님이 "매일 바위를 밀어 보거라" 말씀하셨다. 다음 날부터 남자는 8개월 동안 부지런히 바위를 밀었다. 그러나 바위는 조금도 움직이지 않았다. 낙심한 남자는 바위 앞에 주저앉아 엉엉 울었다. 그때 주님이 나타나 물으셨다. "사랑하는 아들아, 왜 슬퍼하느냐?" 그가 대답했다. "주님 때문입니다. 8개월 동안 바위를 밀었지만 헛수고였습니다." 그러자 주님이 말씀하셨다. "나는 네게 바위를 밀라고 했지, 바위를 옮기라고 하지 않았다. 이제 거울로 네 자신을 보렴." 남자는 거울을 보고 깜짝 놀랐다. 거울 속에는 근육질의 낯선 남자가 서 있었기 때문이다. 문득 요즘 기침도 안 하고 밤에 잠도 잘 자게 된 것이 생각났다. 하나님의 뜻은 바위가 아니라 남자를 변화시키는 것이었다.

다윗이 기도할 때마다 세상이 변하진 않았다. 오히려 사울 왕이나 악한 놈들은 더욱 악해지기도 했다. 대신 다윗이 변했다. 옥에 갇힌 것 같던 영혼이 자유와 소망을 얻게 되었고, 그로 인해 그는 하나님을 향한 신뢰와 찬양을 회복할 수 있었다. 우리도 매일 묵상하고 기도하면 그렇게 된다. 상황은 변하지 않을지 몰라도 나는 변하게 된다.

일용할 보호

"내가 주님을 의지하니, 아침마다 주님의 변함없는 사랑의 말씀을 듣게 해주십시오. 내 영혼이 주님께 의지하니, 내가 가야 할 길을 알려 주십시오"(8절, 새번역).

광야를 사는 동안 '만나'는 일용할 양식이었다. 많이 거둔 자에게도 남지 않았고 적게 거둔 자에게도 모자라지 않았다. 광야와 같은 세상을 사는 오늘 우리에게 하나님은 일용할 보호를 약속하신다. 다윗은 그 약속을 신뢰했기에 아침마다 하나님의 말씀 듣기를 사모하며 기도했다. 다윗에게 주님의 인자한 말씀은 소생케 하는 힘이었고, 광야 길을 인도하는 나침반이었다. 또한 원수를 멸해 달라고 기도하는 믿음의 근거이기도 했다.

우리 중에는 다윗이 알았던 것, 곧 '하나님의 보호는 일용할 양식과 같다'는 걸 모르는 이들이 의외로 많다. 그들은 아침마다 우울하다. 하루 종일 길 잃고 방황하면서도 주님 앞에 엎드리지 않는다. 정말 안타까운 일이다. 누구에게나 일용할 보호가 필요하다. 세상과 원수들은 언제나 만만하지 않기 때문이다. 당신도 광야에 있는가? 주님의 약속, 일용할 보호를 찾으라.

하나님이 보우하사

"주님을 자기의 하나님으로 섬기는 백성은 복이 있다"고 믿고 살았던 일본의 평화운동가 고 오카 마사하루 목사는 일찍이 천황제 이데올로기의 위험성을 간파했던 인물이다. 그래서 2차 대전이 끝난 후에는 가는 곳마다, 누군가를 만날 때마다 천황제 폐지를 열심히 주창했다. "공산주의보다 장래 일본을 더 위협하는 것은 천황제의 존재이며, 이를 용납하는 한 반드시 우익 국가주의자들은 천황제를 이용하여 제국주의를 부활시키고 국민은 물론이고 아시아 민중을 다시 불행에 빠뜨릴 것이다. 특히 종교와 학문, 사상, 양심, 언론, 표현의 자유를 또다시 위기에 빠뜨려 모든 사람의 인권을 유린하는 것은 천황중심주의 사상, 현인신 천황신앙이다. 인민의 적은 실로 천황 그 자체이며, 천황제 이데올로기이다." (오카 마사하루, 『오직 한길로』에서)

반세기 전, '여호와주권 신앙'을 가졌던 목사의 눈에 보인 그 '위험'이 지금 동북아를 위협하고 있다. 우리는 어떤가. 해방과 분단 70여 년인데, 여전히 '하나님이 보우하사 우리나라 만세'를 믿고 있는가. 그렇다면 하나님 나라 선교와 평화를 향한 주님의 예언자적 부르심에 응답해야 한다.

(* 시 144편은 시 18편과 여러 구절이 일치한다.)

왕이신 나의 하나님

사무엘은 '사람인 왕'을 세워 달라고 요구하는 백성에게, 주님의 경고를 그대로 전했었다. "왕은 당신들의 아들딸들을 데려다가 전쟁을 시키고, 노역도 시키고, 노비처럼 부려먹을 것이다. 가장 뛰어난 젊은이들과 나귀들은 왕의 차지가 될 것이고, 당신들의 양 떼 중 열에 하나는 왕의 차지가 될 것이다. 결국 당신들은 왕의 종이될 것이다"(삼상 8:10~19 요약).

이 말을 듣고도 이스라엘은 '사람인 왕'을 구했고, 여느 이방나라들처럼 사람인 왕의 종이 되어 그에게 모든 걸 바치며 섬기다가 그로 인해 망하고 말았다.

이와는 대조적으로 "왕이신 하나님"은 오히려 백성을 위해 일하며 백성을 섬기는 왕이다. "모든 행위를 의롭게 은혜롭게 하며", 자기 백성의 소원을 만족시키고, 가난한 자의 부르짖음을 듣고 그들을 구원하신다. 왕이신 하나님의 백성으로 사는 것보다 더 큰 은혜는 없다. 물론 왕이신 하나님을 송축하며 사는 것은 더 큰 은혜다. 영원한 은혜다.

"… 육체를 가진 사람이면, 누구나, 주님의 거룩한 이름을 영원히 찬송하여라"(21절, 새번역).

인생은 즐거운 것

전 미국대통령인 지미 카터는, 나이 든 사람은 건강에 두 가지 요소만 더하면 행복하고 즐거운 삶을 누릴 수 있다고 보았다. 하나는 인생에서 목표를 갖는 것이고, 다른 하나는 사람들과 좋은 관계를 유지하는 것이다. 당신이 생각하는 행복과 즐거운 삶의 조건은 무엇인가?

146편의 시인에게는 즐거운 인생의 우선 조건이 주님을 찬양하는 것이었다. 그래서 시인은 주님을 찬송하는 것을 평생의 복으로 여기겠노라고 다짐한다. 이스라엘을 회복시키는 주님의 도움, 천지와 미물에 이르기까지 미치는 주님의 자비, 큰 군대를 의지한 것보다 든든한 주님의 보호, 가난하고 억눌린 자들을 일으키는 주님의 정의 등 주님 통치의 은덕은 꼽을수록 벅차오른다. 주님의 은혜가 이런데 어디 한눈팔 까닭이 있겠는가.

우리도 우리 삶에 나타나는 하나님의 다스림과 그 찬송할 이유를 꼽아 보자. 그리하여 벅찬 감격으로 주님을 찬양하며 산다면, 어찌 삶이 기쁘지 않겠는가. 그렇게 세속의 욕심을 내려놓고 주님만을 예배하며 주님을 닮아 간다면, 그런 이웃을 어느 누가 싫다고 하겠는가. 그래서 인생은 즐거운 것이다.

아름답고 마땅한 일

쿠바에서 사역 중인 선교사가 보내 온 선교 편지에 '음치 모자'에 대한 이야기가 있었다. 요약하자면 다음과 같다.

"엘리다 장로는 늘 앞장서서 일하는 마딴사스 교회의 여장부다. 덩치도 크고 목소리도 걸걸하다. 문제는 그분이 대단한 음치라는 것이다. 박자나 음정 무시는 기본이고, 목소리는 또 얼마나 큰지 청중을 압도한다. 그분의 아들 세르히오 집사는 예배 때 기타 반주를 한다. 얼마 전 나란히 앉은 모자 옆에서 예배를 드리게 됐다. 찬양 중에 듣게 된 모자의 목소리가 박자, 음정, 크기까지 어쩜 그리 똑같은지 신기하고 놀라웠다. 음치 모자 덕분에 내내 웃으며 찬양했다. 음치면 어떤가. 씩씩하고 꿋꿋하게 매 소절마다 힘주어 부르는 두 분의 찬양을, 우리 하나님은 기쁘게 들으셨을 것이다."

주님은 분명히 기뻐하셨을 것이다. 주님은 힘과 재능이 출중한 사람보다 오직 주님을 경외하며 주님의 한결같은 사랑을 기다리는 사람을 좋아하시는 분이기 때문이다. 그러므로 누구에게든 찬양은 좋고도 마땅한 일이다. "하나님께 찬양함이 그 얼마나 아름답고 마땅한 일인가!"(1절, 새번역)

삶을 낭비한 죄

더스틴 호프만과 스티브 맥퀸이 주연한 영화 〈빠삐용〉은 앙리 살리에르라는 실존인물이 모델이다. 그는 원래 파리 뒷골목의 건달이었다. 영화에서 가장 인상적인 장면은 빠삐용이 꿈속에서 지옥의 재판을 받는 장면이 아닐까. "사람을 죽인 일도 없고 지금까지 사나이답게 떳떳하게 살았다"라고 거세게 항의하지만, 재판관은 한마디로 잘라 말한다. "살인을 안 했다 해도 너에게는 인생을 낭비한 죄가 있다. 그러므로 유죄!" 그러자 빠삐용은 "유죄… 유죄…"라고 중얼거리면서 어둠 속으로 사라져 간다. 참으로 섬뜩한 장면이다.

창조주를 찬양하지 않는 피조물마다 '삶을 낭비한 죄'로 벌을 받는 날이 오지 않을까. 아무쪼록 당신의 하루가 찬양으로 시작해 찬양으로 저물기를 바란다. 그래서 당신의 인생이 통틀어 '할렐루야!'로 요약된다면 그 얼마나 멋지고 당당한 인생이겠는가!

"너희가 주님의 명을 따라서 창조되었으니, 너희는 그 이름을 찬양하여라"(5절, 새번역). "총각과 처녀, 노인과 아이들아, 모두 주님의 이름을 찬양하여라…"(12, 13절).

찬양, 그 신비한 역사

믿음에서 찬양이 나오지만, 찬양으로 믿음이 회복되고 강화되기도 한다. 많은 찬양시를 남긴 다윗이 이런 신비한 은총을 증언한다. 149편에는 찬양에 관한 두 개의 단어가 있다.

1절의 찬양, 곧 '테힐라'(Tehillah)는 '주님의 임재를 환영하며 높이다'라는 뜻이다. 우리 주님은 찬송 중에 거하신다. 그래서 하늘 보좌 옆에는 찬양담당 천사인 '스랍'(Seraphim)이 있고(사 6:2), 땅의 성전에도 찬양이란 보좌를 마련하게 하셨다. ["또 찬송하는 자가 있으니 곧 레위 우두머리라 그들은 골방에 거주하면서 주야로 자기 직분에 전념하므로 다른 일은 하지 아니하였더라"(대상 9:33).]

6절의 찬양은 '로메마'(Romema)인데, 한글개역성경은 이를 '존영'(높을 尊, 읊을 詠)으로, 영어성경은 '높은 노래'(High Praise)로 번역했다. 모두 '주님의 영광을 선포하다'라는 뜻이다. 특이한 것은 이 찬양이 "두 날 가진 칼", 곧 '(영적) 무기'가 된다는 점이다.

결국 찬양은 '주님을 모시고, 주님의 영광을 드러내는 능력'인 셈이다. 그러므로 찬양할 때마다 주님의 구원과 주님의 승리를 경험하는 것은, 또 하나의 신비하고 당연한 은혜이다.

산 자여, 찬양하라!

성경에서 만나는 건강하고 복된 공동체는 찬양하는 공동체다. 그들은 함께 모여 찬양하는 기회를 통해 자신들이 은혜 받은 백성이란 걸 확인했고, 앞으로 가야 할 길의 방향을 확정했다. 마치 이기는 축구경기의 하프타임 같다고나 할까.

출애굽 때, 첫 큰 위기는 '홍해 건너기'였다. 우여곡절 끝에 다들 무사히 건너게 되자 이스라엘 공동체는 그 일을 기념했다. 찬양했다. 달아나듯 길을 재촉하지 않았다. 충분히 찬양하며 기념했던 경험은, 자신들 안에서 하나님 나라가 진보하고 있다는 것을 알게 해 주는 중요한 기회, 곧 믿음의 기회가 되었다.

홍해도하보다 우리가 더 유념해야 할 것은 바로 이 경험이다. 우리는 너무도 자주 다음 일정과 업무로 넘어가기에 바쁜 나머지, 잠시나마 모든 걸 멈추고 은총과 복을 경축하며 인도자 주님을 찬양하는 일을 소홀히 한다. 불행을 자초하는 어리석은 짓이며 주님께 죄가 되는 오만이다. 누가 행복한 자인가(시 1편). 살아 있는 동안 하나님을 찬양하는 자들이다(시 150편). "숨 쉬는 사람마다 주님을 찬양하여라. 할렐루야"(6절, 새번역).

호흡이 있는 자마다 여호와를 찬양할지어다 할렐루야

시편 150:6

고단한 삶에서 부르는 소망의 노래

초판 1쇄 인쇄 2020년 2월 22일
초판 1쇄 발행 2020년 3월 1일

글 김종익
펴낸이 홍지애
펴낸곳 꿈꾸는인생
주소 서울 마포구 월드컵북로 400 2층
전화 070-4046-2371
팩스 02-6008-4874
이메일 lifewithdream@naver.com

ⓒ 꿈꾸는인생, 2020

ISBN 979-11-963806-6-3 (03230)

이 도서의 국립중앙도서관 출판예정도서목록(CIP)은 서지정보유통지원시스템 홈페이지
(http://seoji.nl.go.kr)와 국가자료종합목록 구축시스템(http://kolis-net.nl.go.kr)에서 이용하
실 수 있습니다. (CIP제어번호 : CIP2020005856)